Huanjing yu
Chuangxin

Gaozhiliang Fazhanxia de
Youyi Tansuo

环境与创新

高质量发展下的有益探索

李思慧 ◎ 著

中国财经出版传媒集团

经济科学出版社

Economic Science Press

图书在版编目（CIP）数据

环境与创新：高质量发展下的有益探索/李思慧著
. – – 北京：经济科学出版社，2023.1
ISBN 978 – 7 – 5218 – 4481 – 8

Ⅰ.①环…　Ⅱ.①李…　Ⅲ.①民营企业 – 企业创新 –
研究 – 中国　Ⅳ.①F279.245

中国国家版本馆 CIP 数据核字（2023）第 014280 号

责任编辑：李　雪
责任校对：徐　昕
责任印制：邱　天

环境与创新：高质量发展下的有益探索

李思慧　著

经济科学出版社出版、发行　新华书店经销
社址：北京市海淀区阜成路甲 28 号　邮编：100142
总编部电话：010 – 88191217　发行部电话：010 – 88191522
网址：www. esp. com. cn
电子邮箱：esp@ esp. com. cn
天猫网店：经济科学出版社旗舰店
网址：http：//jjkxcbs. tmall. com
固安华明印业有限公司印装
710 × 1000　16 开　15.5 印张　200000 字
2023 年 1 月第 1 版　2023 年 1 月第 1 次印刷
ISBN 978 – 7 – 5218 – 4481 – 8　定价：78.00 元
（图书出现印装问题，本社负责调换。电话：010 – 88191510）
（版权所有　侵权必究　打击盗版　举报热线：010 – 88191661
QQ：2242791300　营销中心电话：010 – 88191537
电子邮箱：dbts@ esp. com. cn）

　　追溯中国科技创新的发展历程可以发现，早在 1978 年改革开放之初，邓小平就提出了"科学技术是第一生产力"的重要论断，中国科学技术由此迎来发展的春天。20 世纪 80 年代中后期，科学技术发展对经济发展的推动作用逐渐显现，以科技进步为主要支柱与动力的经济、军事和国家实力的竞争在国际间愈加激烈。对此，中国高度重视科技创新对社会经济发展的重要驱动作用，自 20 世纪 90 年代起，中国 R&D 经费支出呈现持续性增长，研发规模快速扩张。2021 年，中国 R&D 经费支出达到 2.8 万亿元，同时，中国 R&D 经费支出与国内生产总值的比重也由 1995 年的 0.57% 上升至 2021 年的 2.44%。但科技创新投入绝对规模和相对规模的高速增长并不意味着创新能力的同步增强，中国创新大而不强、大而不立的问题依旧存在。伴随着新一轮科技革命与产业变革的深入发展，世界进入新的动荡变革期，中国经济发展面临着发展环境日趋严峻与不确定性愈加严重的复杂形势。在此背景下，必须坚持推动高质量发展，以实现经济发展进程中量的合理增长与质的有效提升，创新就成为国家抓住最新科技和产业革命机会，突破经济发展障碍的关键。

党的十八大报告中就明确指出，"科技创新是提高社会生产力和综合国力的战略支撑，必须摆在国家发展全局的核心位置"。这一前瞻性战略不仅强调了中国要实施创新驱动发展战略、坚持走中国特色自主创新道路，同时也为全面建设创新型国家指明了发展方向。随着中国特色社会主义进入新时代，党的十九大报告中进一步指出，"创新是引领发展的第一动力，是建设现代化经济体系的战略支撑"。科技创新成为提升中国经济发展质量的必然选择，实现前瞻性基础研究、引领性原创成果的重大突破将有助于打破关键产业科技领域的技术瓶颈。在此基础上，党的二十大报告中指出，"要坚持以推动高质量发展为主题"，加快建设现代化经济体系。纵观历史，更高层次现代化实现的关键依托于科技创新领跑，唯有抓住创新才能够把握时代、引领时代。因此，中国要实现在21世纪中叶建成社会主义现代化强国的战略目标，势必要坚持创新驱动战略，突破关键技术领域的"卡点""瓶颈"，重点落实科技创新由量变到质变的关键转变，有效推进科技创新的持续进行以加速形成技术竞争新优势，为中国经济向高质量发展阶段迈进提供关键动力，助力国家实现高水平科技自立自强，跻身创新型国家前列。

然而不能忽视的是，中国改革开放后相当一段时间内所实施的粗放型经济发展模式在带来了中国经济高速增长的同时，也产生了沉重的环境负担。这种环境负担导致了严重的生态环境破坏与资源浪费，进一步形成了突出的经济社会发展的资源环境约束。为了控制环境问题的蔓延，促进有限资源的合理利用，国家已经颁布实施一系列环境规制政策，由粗放型发展模式逐步转向资源节约与可持续发展模式。

从企业角度看，环境规制是驱动企业形成绿色生产方式，实现绿色转型的关键因素。由于环境保护的公共产品属性和产品外部性的存在，企业进行绿色创新发展不可避免地会在一定阶段增加成本负担，加之当前受到外部经济发展环境的影响，企业生存压力骤增，降低了企业进行创新的积极性，造成环境污染从源头进行治理的难度进一步上升，对绿色发展形成阻力。探索高质量发展下环境规制与创新发展的协同，一方面，有助于引导企业参与环境治理，调动企业绿色创新的积极性，提升创新质量进而改善环境质量；另一方面，其还能够发挥社会各方的监督和舆论作用，为企业绿色发展过程监督与实施效果提供保障。

从政府角度看，环境规制是提高地区环保意识、破除地方保护行为的重要手段。在实践中，地方政府很容易陷入过度关注经济效益、倾向于通过牺牲环境来追求地方经济效益最大化的误区，对地区绿色生产与生活方式的形成造成阻碍，不利于满足人民对美好生活的向往和需求。而环境规制能够填补地方环境保护与治理的漏洞，通过严格的环境执法与标准化环境治理评估，提高地区环保意识，切实帮助地区落实环境目标实现的真实情况。党的十九大报告中指出，要"实行最严格的生态环境保护制度，形成绿色发展方式和生活方式"，推进生态文明建设。在此基础上，党的二十大报告中进一步指出，要"广泛形成绿色生产生活方式"，同时强调碳排放达峰后稳中有降、生态环境根本好转以及美丽中国目标基本实现的重要目标。可以看出，为推进经济实现量与质转变，中国正积极地践行绿色发展，而环境规制作为推动中国实现绿色发展的核心途径，持续完善并推进环境规制，不仅有助于加快发展方式的绿色转型，推动调整产业结构，还有助于统筹推进污染治理、生态保护、应对气候变化，最终实现新时代背景下的阶段性战略目标。

从全球角度看，环境规制是中国作为具有国际话语权大国，积极构建"人类命运共同体"的实现途径。伴随着国际地位的提升，中国不仅需要积极履行自身义务，同时还担负着更大的责任。2020年9月22日，习近平主席在第七十五届联合国大会一般性辩论上向国际社会作出碳达峰、碳中和的郑重承诺，"中国将提高国家自主贡献力度，采取更加有力的政策和措施，二氧化碳排放力争于2030年前达到峰值，努力争取2060年前实现碳中和"。为推进气候变化的治理，中国切实结合碳达峰碳中和实施工作要点，积极推动双碳顶层设计形成，逐步形成了双碳"1＋N"政策体系。环境规制作为当前国家应对气候变化的主要政策工具，不仅能够通过发挥治理与监管效应来落实双碳"1＋N"体系具体要求，推进双碳目标的有效完成，同时还能够有效缓解国内资源环境约束突出的问题，推进全面建设社会主义现代化强国战略目标的实现，彰显了中国积极应对气候变化、走绿色低碳高质量发展之路的决心，有助于加强中国的国际竞争优势，进一步提升中国的国际地位。

随着人们对环境保护的认识逐渐深入，对传统环境保护与创新发展相悖的观念也正在逐步改观。事实上，随着经济社会不断发展，环境规制在政策理念、作用途径等方面经历了重大转变，更倾向于推进各方协同治理，更加注重实现公众环境权益的保障。立足于人与自然和谐共生，为不断实现人民对美好生活的向往，走绿色高质量发展之路成为必然选择。因此，让创新发展拥有"绿芯"，实现环境与创新协同发展势必是未来中国发展中需要解决的关键问题。

团队成员近十余年来持续跟踪创新领域研究发展，在研究过程中发现环境规制对创新的影响越发显著，加之绿色高质量发展日益成为中国经济发展的主旋律，团队成员对于创新中的环境因素持续深挖，先后完成了十余篇相关论文、研究报告。本书在现有研究成果的基础上进行了系统的梳理、总结和提炼，在写作过程中受到团队成员徐保昌、付永红、许晓妮、潘昌蔚、李佳慧、闫文影等的大力支持，在此致以诚挚的谢意！

CONTENTS ▷
目　录

第一章

导　　论

随着中国特色社会主义进入新时代，我国经济发展由高速增长阶段转向高质量发展阶段，经济发展增速放缓、经济发展质量要求持续提升。党的二十大报告将高质量发展和绿色发展置于同等重要的位置，说明在未来几十年中，为了实现高质量发展目标，必须克服以往的路径依赖，牢固树立和践行"绿水青山就是金山银山"的理念，实现经济发展与环境保护的协同并进，在经济发展中促进绿色转型、在绿色转型中实现更大发展。技术创新是实现高质量发展的必要路径，克服环境规制短期内对技术创新的"挤出"效应，引导技术变革在长期中向绿色低碳方向发展，做好生态环境和科技创新的协同发展，对于全面建设社会主义现代化国家具有重要的现实意义。

第一节　环境与创新：大国发展的两难？

传统观念认为，环境规制的实施会使企业的生产成本增加，挤占有限的企业利润，企业用于投入创新的资金减少，从而对研发投入产生"挤出"效应，对企业创新产生不利影响。这种观点从静态角度出发，将环境与创新相对立，认为环境规制必然压缩创新投入。余永泽和尹立平（2022）从中国式环境规制政策的特征出发，认为从微观层面而言，中国式环境政策增加了企业生产的环境成本负担，迫使在位企业改进生产与经营方式。面对严格的环境规制，企业一方面加快购入减排设备，在短期内挤占企业绿色创新研发投入；另一方面顺应环境规制政策的审查与监管，增加绿色创新投入，以避免更为严厉的行政处罚。"波特假说"（Porter Hypothesis）的提出从动态角度驳斥了这一观点，波特认为，适当的环境管制有利于创新，环境管制引起的创新之所以有利于企业竞争，是因为创新带来的补偿效应会弥补甚至超过环境管制带来的成本。

"波特假说"自提出以来，引发了国内外学者的热烈讨论，由此引申出环境导向利于创新的核心争论：环境管制的补偿效应究竟是否弥补了环境管制的成本？事实上，这一问题的解答能够很好地解释大国高质量发展中的疑问：到底是要环境还是要发展？环境和发展能否兼得？当我们将时间维度放入这一研究领域中，相关研究的结论得到了大致统一：在短期中，环境规制的实施会使得企业在环境保护和减少排放领域的投入增加，但在长期中，环境规制的压力会使得企业进行技术创新的绿色化发展，通过绿色创新降低产品成本、拓展产品空间，从而实现环境与创新的协同统一。环境规制的实施在长期中引导了企业的技术创新方向，使得整体创新发展向着绿色、高效的方向转变。基于此，自20世纪90年代起，不少学者开始关注以减少环境污染为特征的绿色技术创新，进行了卓有成效的探讨。绿色创新是减少损害环境为目的，且与一般创新程序、技术和产品不同的创造性活动，可以为消费者和企业带来价值，同时明显减少对环境的负面影响［詹姆斯（James），1997；坎普（Kemp），2000］。从环境和创新兼顾的角度来看，绿色创新是实现经济社会高质量、可持续发展的有效路径。

中国幅员辽阔，人口众多，经济发展不均衡。党的十五大报告首次提出"两个一百年"奋斗目标，"到建党一百年时，使国民经济更加发展，各项制度更加完善；到世纪中叶建国一百年时，基本实现现代化，建成富强民主文明的社会主义国家"。党的十九大报告进一步明晰了中国全面建成社会主义现代化强国的时间表、路线图，"第一个阶段，从二〇二〇年到二〇三五年，在全面建成小康社会的基础上，再奋斗十五年，基本实现社会主义现代化"，"第二个阶段，从二〇三五年到本世纪中叶，在基本实现现代化的基础上，再奋斗十五年，把我国建成富强民主文明和谐美丽的社会主义现代化强国"。报告中对当前我国社会主要矛盾作出了新表述，"中国特色社会主义进入新时代，我国社会主要矛盾已经转化为人民日益增长的美好生活需要和不平衡不充分的发展之间的矛盾"。目前，中国正处于第二个百年新征程，一方面，解决社会主要矛盾需要"做大蛋糕"，通过经济规模的增加带动整体社会的收入增加，在效率的基础上兼顾公平，均衡地区发展；另一方面，需要满足人民对于美好生活的需要，满足随着经济生活水平提升所产生的对于美好生活的更高要求，而环境就是其中最重要的一点。创新是引领国家发展的第一动力，因此，系统了解环境对创新的影响方向、影响程度、影响路径，有效消除或降低传统观念中环境规制对技术创新的负面影响，解决高质量发展中环境规制和技术创新的两难问题，实现环境与创新的协同发展，对于全面建成社会主义现代化强国具有重要的现实意义。

第二节 环境规制与技术创新

一、环境规制：高质量发展的必然选择

1949 年中华人民共和国成立以来，中国逐步实现了由计划经济体制向社会主义市场经济体制的历史性转变，经济高速增长、由弱到强，实现了巨大的飞跃，一跃成为世界第二大经济体，国内生产总值由 1949 年的不足 700 亿元上升到 2021 年的 1149237 亿元[①]。但同时，以增长为首要目标的长期粗放型的经济发展方式也给生态环境造成了严重的负担。自改革开放以来，中国的环境问题日益凸显，生态环境破坏以及资源浪费严重制约了经济和社会发展。为控制环境污染，促进资源合理利用，国家环境规制的政策理念也经历了由污染防治到生态文明的根本性转变，实施了一系列环境规制政策，中国的经济发展模式逐渐转向资源节约和可持续发展。2013 年，中国环境保护部（现中国生态环境部）首次采用《环境空气质量标准》（GB 3095—2012），对京津冀、长三角等重点区域及直辖市、省会城市和计划单列市共计 74 个城市的环境空气质量按照新标准开展监测，整体结果不容乐观。在 74 个城市中，只有海口、舟山和拉萨 3 个城市空气质量达标，仅占监测城市的

---

① 数据来源：中华人民共和国中央人民政府. 2021 年我国 GDP 最终核实为 1149237 亿元 [EB/OL]. （2022 – 12 – 27）[2023 – 01 – 15]. www. gov. cn/shuju/2022 – 12/27/content _ 5733701. htm.

4.1%，城市环境空气质量超标城市比例达到 95.9%[①]。这给人们敲响了警钟，同时也使得改善环境质量成为环境保护工作的核心，带动了中国环境规制政策的全面提升。在社会环保意识觉醒和环境规制政策加速实施的双重压力下，现阶段，中国基本形成了多元参与的环境治理格局，在环境保护法律和制度体系、组织体系、环境治理监督体系及环境责任体系等的建设上均取得了突出进展，地方政府对环境问题的重视程度和规制力度进一步提升，颁布实施了一系列环境规制的法律法规，为环境保护提供了法律保障。

近年来，中国环境规制取得了显著成效，生态环境质量明显改善。由表 1-1 可以看出，随着国家环境规制政策的逐步出台和完善、新标准下监测城市数量的逐步稳定，决策者对经济社会绿色可持续发展越发重视，城市环境空气质量达标城市占比快速提升。2020 年，中国城市环境空气质量达标城市数量首次超过超标城市。2021 年，城市环境空气质量达标城市占比进一步提升至 64.3%，空气质量超标城市数量下降至 121 个。根据《2021 中国生态环境状况公报》，在大气污染及空气质量方面，全国 339 个地级及以上城市中（简称 339 个城市），有 218 个城市的环境空气质量达标，相较于 2020 年提高了 3.5 个百分点；空气质量优良天数比例为 87.5%，同比上升 0.5 个百分点；$PM_{2.5}$、O_3、PM_{10}、NO_2、SO_2、CO 六项污染物的浓度相比 2020 年均出现显著下降，京津冀及周边地区、长三角地区及汾渭平原等重点区域的空气质量显著提升，酸雨环境风险明显得到控制。[②] 总体而言，当前中国生态环境质

---

① 中华人民共和国环境保护部. 2013 中国环境状况公报［R/OL］.（2014-07-07）［2022-09-10］. https：//www.mee.gov.cn/gkml/sthjbgw/qt/201407/w020140707500480541425.pdf.

② 中华人民共和国环境保护部. 2021 中国生态环境状况公报［R/OL］.（2022-05-27）［2022-09-10］. https：//www.mee.gov.cn/hjzl/sthjzk/zghjzkgb/202205/P020220608338202870777.pdf.

量和稳定性持续提升，生态环境领域风险得到有效防范和化解，生态环境治理体系和治理能力现代化建设加快推进。

表 1-1　　中国城市环境空气质量监测情况（2013~2021 年）

年份	监测地级及以上城市数量	城市环境空气质量达标城市		城市环境空气质量超标城市	
		数量（个）	占比（%）	数量（个）	占比（%）
2013	74	3	4.1	70	95.9
2014	161	16	9.94	145	90.06
2015	338	73	21.6	265	78.4
2016	338	84	24.9	254	75.1
2017	338	99	29.3	239	70.7
2018	338	121	35.8	217	64.2
2019	337	157	46.4	180	53.4
2020	337	202	59.9	135	40.1
2021	339	218	64.3	121	35.7

数据来源：历年《中国生态环境状况公报》（原《中国环境状况公报》）。

在中国环境治理取得重大成效的同时，我们也要看到，生态环境治理中的突出问题仍然不容忽视。从环境治理现状来看，当前 $PM_{2.5}$ 平均浓度超标的城市占比为 29.8%，臭氧污染依然较为突出，水域污染依然时有发生，生态环境治理任重而道远。从环境规制过程来看，主要表现为环境规制的制度、执行体制还存在短板。

从环境规制法制建设出发，总体上，环境保护法制建设依然在某些领域存在空白，诸如对核安全、光污染、重金属等方面还缺乏规范性立法。从地区角度看，受制于经济、政治等多方面因素的影响，地方性环境政策本身可能具有其局限性。一方面，在各地区环境规制政策实施过程中，依然存在着各部门分工不明、责任不清等现象，政策实施效果的评估手段较为单一，评估标准缺乏明确的量化指标，评估过程缺少公众参与。另一方面，各地区对环境规制标准的执行存在较大差距，诱发了污染企业通过跨界转移以规避严格的环境规制的动机，导致区域性污染进行传导和转移，部分地区缺乏相应制度保障环境政策的实施，导致出现环境政策非完全执行甚至失效的局面，使部分地区成为"污染天堂"。因此，环境政策的考核、评估、奖惩等机制亟须得到系统化完善。区域环境治理既要关注环境规制体系及执行机制可能存在的缺陷，又要顾及外界污染的转移和扩散。如何因地制宜、因时制宜地制定环境政策，是地方政府需要重点克服的难题。在环境政策的执行过程中，由于部分地方政府过于注重经济效益，存在为追求经济效益而牺牲生态环境的动机，加之可能存在监督机制不完善的问题，地方政府的错误取向未能及时得到限制和约束，地方保护主义导致环保法规并不能正确引导地方政府的环境执法行为，这也在一定程度上制约了地方环保规制政策效果的发挥。

　　从主要环境规制工具的使用来看，一方面，中国环境治理已经向多元化政策工具综合应用逐步转变，但以政府干预为主导、以市场手段为辅助的命令型环境规制依然占据主导，中央的命令和政策需要经历多层行政管理机构和主体的层层传导，可能受制于信息不对称、行政主体职责差异和政府主观意愿等因素，导致环境政策未能得到充分执行和落实，不完善的市场环境进一步加剧了政策实施的滞后性；另一方面，在中国推进环境保护"多元共治"模式的实践中，面临环境治理主体间信息传递与共享受阻、政府监管与执行能力不足、市场机制不完善、企业主体性作用发挥不够、社会组织和公众参与效率过低等诸多挑战，在一定程度上制约了中国环境保护事业的深入推进。综合以上两方面，中国现阶段命令型环境政策占主导的原因在于社会机制的完善程度不够，环境信息公开程度有待进一步提升，公众参与环境治理的具体制度安排尚不够完善和细化，公众表达环境诉求的渠道不畅通，同时缺乏参与环境决策的规范程序，导致公众参与型环境规制工具难以全面发挥其效用，不利于协调和利用多元化政策工具共同治理环境。

2012年11月，党的十八大明确提出"人类命运共同体"理念。随着全球政治经济格局的"东升西降"，发展中国家的话语权增强，中国在国际社会的地位提升，围绕推进共同构建"人类命运共同体"积极承担自身义务。2020年9月22日，习近平主席在第七十五届联合国大会一般性辩论上向国际社会作出碳达峰、碳中和的郑重承诺："中国将提高国家自主贡献力度，采取更加有力的政策和措施，二氧化碳排放力争于2030年前达到峰值，努力争取2060年前实现碳中和。"[①] 2021年10月24日，中共中央、国务院发布《关于完整准确全面贯彻新发展理念做好碳达峰碳中和工作的意见》。同年10月26日，国务院发布《2030年前碳达峰行动方案》。国家层面双碳顶层设计至此形成，围绕其逐步形成了双碳"1 + N"政策体系。党的二十大报告进一步强调，"中国式现代化是人与自然和谐共生的现代化"，要求"坚持可持续发展，坚持节约优先、保护优先、自然恢复为主的方针"，"坚定不移走生产发展、生活富裕、生态良好的文明发展道路，实现中华民族永续发展"。"双碳"目标是我国全面建设社会主义现代化强国的战略目标之一，在未来几十年，绿色高质量发展将成为我国经济发展的主旋律。

---

① 习近平. 在第七十五届联合国大会一般性辩论上的讲话［EB/OL］.（2020 – 09 – 22）［2022 – 01 – 05］. http：//www. xinhuanet. com/politics/leaders/2020 – 9/22/c_1126527652. htm.

二、技术创新：发展的第一动力

传统的现代化观念认为经济文化相对落后的发展中国家的现代化是追赶先行现代化国家的进程。然而，从纵向历史视角来看，抓住最新科技和产业革命的机会才是一跃跨入现代化国家行列的重要机遇，现代化的更高层次是科技创新的领跑（洪银兴，2018）。早在1978年改革开放之初，邓小平就提出"科学技术是第一生产力"的重要论断，并在南方谈话中多次强调。中国高度重视科技创新在经济社会发展中的重要作用，从20世纪90年代开始，我国R&D经费支出规模持续扩张，呈现出快速增长态势。2019年，中国R&D经费支出首次突破2万亿元大关。2020年，中国R&D经费内部支出达到24393.11亿元，是20世纪90年代初的近百倍。同时，在中国经济处于高速增长的阶段，中国R&D经费支出与国内生产总值的比重也快速提升，由1995年的0.57%上升至2020年的2.4%，科技研发投入力度巨大。（见图1-1和图1-2）

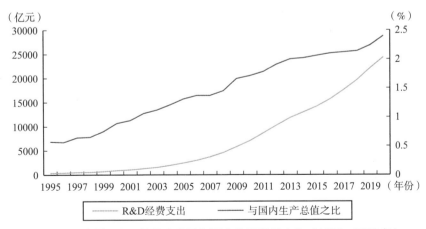

图1-1　中国R&D经费支出及与国内生产总值之比（1995~2020年）

数据来源：历年《中国科技统计年鉴》。

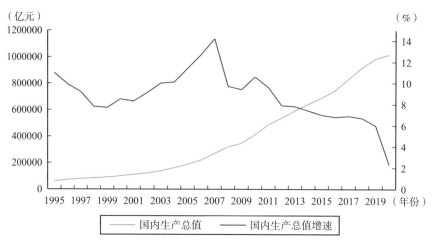

图 1 - 2   历年中国国内生产总值及增速（1995~2020 年）

数据来源：历年《中国统计年鉴》。

党的十八大明确提出，"科技创新是提高社会生产力和综合国力的战略支撑，必须摆在国家发展全局的核心位置"，强调要坚持走中国特色自主创新道路、实施创新驱动发展战略。这吹响了中国建设创新型国家的强劲号角，为全面建设创新型国家指明了发展方向，中国逐步形成以企业为主体、市场为导向、产学研结合的创新体系，高新技术的发展与传统产业全面结合，在新能源、人工智能、互联网、大数据应用等方面取得了重大成就。党的十九大报告进一步指出，"创新是引领发展的第一动力，是建设现代化经济体系的战略支撑"。中国科技创新的眼光要放得更长、更远，要进一步强化基础研究和应用研究，瞄准世界科技前沿，实现前瞻性基础研究、引领性原创成果的重大突破。

在国家科技创新投入绝对规模和相对规模高速增长的同时，我们也要清醒地认识到差距，全球高收入国家 2010 年 R&D 经费占国内生产总值的比重就已经达到 2.4%，2018 年，美国、德国、日本、韩国

R&D 经费占国内生产总值的比重分别达到 2.8%、3.1%、3.3% 和 4.5%①，中国在科技创新能力上还存在大而不强的问题，关键产业科技领域的"卡点""瓶颈"依然存在。党的二十大报告提出，"实现高水平科技自立自强，进入创新型国家前列"。中国要在 21 世纪中叶建成社会主义现代化强国，就必须在科技上领跑，找准、找好自己的领跑赛道。

当前宏观形势复杂多变、充满不确定性，党的二十大报告也对未来国际国内形势进行了综合判断，认为"世纪疫情影响深远，逆全球化思潮抬头，单边主义、保护主义明显上升，世界经济复苏乏力，局部冲突和动荡频发，全球性问题加剧，世界进入新的动荡变革期"。2022 年 10 月，国际货币基金组织（IMF）预测全球经济增速将由 2021 年的 6% 进一步下降至 2022 年的 3.2%，对于 2023 年的全球增长预期由 2.9% 进一步下调至 2.7%②。企业是技术创新的重要主体，民营企业更是国家创新体系的中坚力量，企业加速形成技术竞争新优势，将成为我国经济向高质量发展阶段迈进的关键动力。一方面，中美科技战愈演愈烈，中国在关键领域技术自主可控的需求越发迫切；另一方面，受宏观环境影响，企业生存压力剧增，创新的积极性减弱。加之，经济社会发展中的生态环境要求提高，从微观主体企业来看，短期内面临的成本压力进一步提升。如何弱化环境规制对技术创新的短期"冲击"，在复杂的宏观环境下坚定绿色高质量发展不动摇，保障企业健康发展，充分激发企业的创新热情就变得尤为重要。

---

① 数据来源：国家统计局社会科技和文化产业统计司，科学技术部战略规划司. 2021 中国科技统计年鉴［M］. 北京：中国统计出版社，2022.

② 光明网. 国际货币基金组织下调明年全球经济预期至 2.7%［EB/OL］.（2022 - 10 - 12）［2022 - 12 - 10］. https：//m. gmw. cn/baijia/2022 - 10/12/1303170758. html.

第三节　环境与创新协同发展：有待研究的命题

近年来，随着环境政策的逐步推进和生态环保观念的持续深入，人们对于环境与创新之间的关系认识更为深刻，传统的环境保护与创新发展的对立观念逐步改变。在"中国力争 2030 年前实现碳达峰，2060 年前实现碳中和"的目标导向下，兼顾环境保护与创新发展成为必由之路。因此，探索环境与创新协调发展，实现新时代背景下中国经济的高质量发展具有重要的现实意义。基于此，本书其余部分相关研究安排如下：

第二章：基于环境与创新研究主题，对相关研究理论进行梳理。由技术创新理论鼻祖熊彼特的创新理论入手，对熊彼特创新理论的理论背景、理论内容、理论发展及学派进行了总结。并在此基础上，对包括新古典增长理论和内生增长理论在内的创新与经济发展相关理论进行阐述，以期从理论上说明技术创新对经济发展的重要作用。最后，对于环境和创新均存在的公共产品和外部性特征的相关理论进行阐述，以期解释企业对于环境和创新"不富于热情"的主要理论原因。

第三章：对中国环境规制政策的制度背景及制度演变进行了系统梳理。从 20 世纪 70 年代中国环境规制工作的最初开展，将中国环境规制制度演变分为三个阶段。初步探索（1973～1993 年）：区域治理、政策体系初步构建；优化发展（1994～2012 年）：以点带面，严防严控，建设生态文明；全面改革（2013 年至今）：生态优先，制度创新，强化监督。在此基础上对中国环境规制工具特征及演进进行了总结。

第四章：基于"波特假说"，选取 2003～2016 年 260 个中国地级市的技术创新数据作为研究对象，采用线性加权方法构建环境规制强度指标，对环境规制对技术创新的影响进行了实证分析。研究结论发现，整体来看，环境规制对技术创新产生了显著的促进作用，替换关键指标以及工具变量回归证明这一研究结论是可靠的。考虑不同技术创新类型的进一步研究表明，环境规制对不同类别技术创新的影响存在显著差异。其中，环境规制在长期能够显著促进地区发明专利数量增加，同时，环境规制对地区实用新型数量有明显的提升作用。考虑城市行政级别的研究表明，相较于非省会城市，环境规制对省会城市技术创新的促进作用更大。

第五章：未来，中国经济结构调整、发展方式转变步伐将进一步加速，如何推进城市绿色发展，是中国如期完成碳达峰碳中和任务、实现低碳绿色可持续发展的关键。环境规制是否能够助力城市绿色发展环境规制对城市绿色创新而言是助力还是阻力，是中国环境政策能否在城市层面可持续推进的关键问题。为厘清这一问题，本章从绿色创新视角出发，在理论分析环境规制如何影响城市绿色创新的基础上，以中国地级市层面数据为研究样本，采用线性加权方法构建了环境规制强度指标，实证检验了环境规制对城市绿色创新的影响及其主要影响机制。研究发现：环境规制显著促进了城市绿色创新提升，替换指标以及工具变量等稳健性检验证明了这一研究结论的可靠性。影响机制检验表明，环境规制可以通过促进城市创新投入显著推动城市绿色创新提升。异质性检验表明，环境规制更有助于东部地区、中部地区以及非省会城市的绿色创新提升。本章研究为未来中国环境规制政策的优化以及生态文明体系的建设提供了可靠的经验证据。

第六章：相较于以往"末端治理"的传统环境政策，以源头污染治理为目标的清洁生产标准政策实施对于企业实现持续规模扩张更具绿色发展之意。本章以行业层面清洁生产标准实施作为准自然实验，采用倍差法系统评估了源头污染治理对企业规模扩张的影响及其作用机制。研究发现,源头污染治理显著推动了企业规模扩张,且从生产要素存量和产出能力两个角度选取企业规模衡量指标所进行的稳健性检验,验证了源头污染治理对企业规模扩张的促进作用是可靠的。渠道检验显示,源头污染治理通过增加企业设备引进、推动产品创新以及债务融资三个渠道推动了企业规模扩张。拓展性研究表明,对于企业规模分位数95%以下的样本企业而言,源头污染治理对企业规模扩张的提升作用均十分显著。本章研究结论为未来中国环境政策的合理制定以及制造业企业实现规模扩张提供了经验证据。

第七章:通过市场整合实现国内市场的开放与畅通是建设全国统一大市场的必要路径,而依托市场推动企业绿色转型是中国实现高质量发展的重要支撑。政府通过对市场的选择性干预,改变了市场整合的效果,继而影响企业绿色创新水平。本章以长三角地区为例,利用市场整合数据与中国 A 股上市公司的匹配数据,实证检验了市场整合对企业绿色创新的影响及其作用路径。研究发现,市场整合显著提高了企业高质量绿色创新水平。机制检验发现,市场整合可以通过缓解融资约束、加大创新投入和提升市场需求促进企业高质量绿色创新。异质性检验表明,市场整合对企业高质量绿色创新的正向促进作用在专利密集型企业、小规模企业和高创新水平企业中更加显著。

第八章:在现有企业环境责任的基础上,本章进阶讨论了 ESG 的实施对企业成长的影响,丰富了 ESG 研究文献。以 A 股上市公司的 ESG 评级及相关财务指标构成的面板数据为基础,引入企业生命周期理论,就 ESG 实施对企业成长的影响进行研究。结果发现:整体上看,中国现有 ESG 的实施并不有利于企业成长,且当区分强制型和自愿型后,发现被强制实施 ESG 的企业在成长能力上所受的负面影响大于自

愿实施的企业；在划分企业生命周期后，ESG 对成长期企业的成长能力
负向影响最大，而对于成熟期和稳定期的企业则显著下降；ESG 主要通
过增加企业成本，降低利润的方式削弱其成长能力，即指明了现阶段
ESG 的"成本效应"较为明显。研究结论为中国现有 ESG 的实施效果
给出了初步检验，为政府引导企业在 ESG 方面的贯彻实施提供了更为
细化的经验证据。

第九章：围绕全书研究内容及结论，从优化顶层设计，健全环境法
制体系和监督管理机制；鼓励多手段实施、多主体参与的环境保护协同
治理；加速技术绿色化转型，构造绿色创新良好氛围；提高环境规制正
常的精准性，因地制宜；聚焦企业关切问题，激发企业绿色创新动力；
借力统一大市场建设，畅通要素流动等五点提出环境与创新协同发展的
对策与思路。

第二章

环境与创新研究的相关理论基础

第一节 熊彼特创新理论

一、理论背景

经济学之父亚当·斯密（Adam Smith）很早就在《国富论》（*The Wealth of Nations*，1776）中指出：国家的富裕在于分工，而分工有助于经济增长一个重要的原因是它有助于某些机械的发明，这些发明将减少生产中劳动的投入，提高劳动生产率。而其中"某些机械的发明"蕴含了技术创新的含义。尽管斯密意识到了创新对经济发展的重要作用，但并未对技术创新的原理和过程进行系统的研究。19世纪70年代之后，资本主义从自由竞争向垄断发展，资本主义的内部矛盾越来越突出，阶级的对立和冲突也日益激烈。周期性的经济危机和世界大战的爆发，对资本主义的生存和发展产生了巨大的危机。众多学者基于不同的角度、不同的层次深入认识、思考和批判资本主义的产生和发展过程。

由于占统治地位的古典经济将创新这一重要因素排除在经济系统之外，许多学者对此产生怀疑并试图开创新的经济学领域①，熊彼特创新理论正是诞生于这样的理论背景下，开创了独立于古典经济学理论之外的技术创新理论。

二、理论内容

熊彼特（Schumpeter）的创新理论主要有三点内容：

首先，熊彼特提出，资本主义经济处于一种运动和发展的状态，其基本特点是运动和发展。因此，它是一种破坏了平衡，但又恢复了平衡的力量，是一种不连续的变化和运动，它的内在动力就是"创新"。熊彼特在其著作《经济发展理论》（*The Theory of Economic Development*，1912）中将创新定义为建立新的生产函数并将其与发明创造进行了区分，熊彼特认为：创新是将发明创造引入能够带来经济利益的生产过程中，其主要包含五种形式：引进一种新产品或一种新的品质；采取新的生产方式；开拓新的市场；为原材料或半成品提供新的资源；采用新的组织方法②。

其次，熊彼特还对利润进行了解释。古典经济理论中的"静态平衡"是不可能产生利润的，而熊彼特的"创新"和"创造性破坏"是当前对"利润"的最有力的解释。熊彼特把盈利看作一种"成功创新的附加回报"，在实际的经济环境中，如果创业者引进了创新，开始进行盈利，而同质企业看到了更高的盈利水平，就会去模仿，所以，企业

---

① 张凤海，侯铁珊. 技术创新理论述评［J］. 东北大学学报（社会科学版），2008（2）：101–105.

② 毛凯军. 技术创新：理论回顾与探讨［J］. 科学学与科学技术管理，2005（10）：55–59.

的利润也就是暂时的。熊彼特把这种现象称作"竞价下跌"，即模仿和竞争会使价格下跌，从而使整体经济获益，并带来各种好处。

最后，熊彼特还开创性地提出了"创造性破坏"这一观点。他认为，"创造性破坏"是资本主义的一个基本问题，其关键在于创造和破坏的过程，是在于创新的竞争，而不是通过价格的竞争。每次大范围的革新，都会使老的技术和制造系统被淘汰，新的制造系统也会随之出现。

熊彼特的"创新"学说是创新经济学和企业创新理论的先驱，至今仍是许多企业创新理论研究的基础。然而，熊彼特的创新理论并未摆脱传统均衡论的束缚，其虽然将创新作为一个变量进行研究，却并未对创新产生重要影响的制度进行考虑。熊彼特理论提出之后，由于凯恩斯主义的盛行便很快沉寂，在当时并未产生很大的影响。直到第二次世界大战后，各个资本主义国家的经济处于飞速发展的黄金时期，古典经济理论无法对其进行解释，基于这一背景，创新经济理论得到了进一步发展。熊彼特后期的创新经济理论主要分为技术创新理论和制度创新理论两个领域，更多的学者开始对创新的机制和创新企业等微观层面开展研究，逐渐衍生为四个主要的学派：新古典学派、新熊彼特学派、制度创新学派以及国家创新系统学派。

三、理论发展及学派

（一）新古典学派

20 世纪 50 年代，新古典学派诞生，其代表人物是索洛（Solow）和阿罗（Arrow）。新古典经济增长模型将技术进步作为外部变量应用于经济增长，将任何未被模型中的变量所解释的经济增长都视为由外部技术进步造成的，认为经济增长依赖于资本与劳动的增长率、资本与劳动的弹性，以及外在的技术变化。新古典经济增长模型的基本方程为：

$$\Delta Y/Y = \lambda + \alpha(\Delta K/K) + \beta(\Delta L/L)$$

其中，$\Delta Y/Y$，$\Delta K/K$，$\Delta L/L$ 分别为经济、资本和劳动力的增长率，λ 为技术进步对该模型的增长贡献率，α 和 β 分别代表资本和劳动力的产出弹性系数。该模型说明，经济增长既依赖于资本与劳动力的增长速度，又依赖于资本与劳动对产出增长的影响，更为重要的是外生的技术进步。

除此之外，新古典学派通过研究政府干预技术创新，指出当市场供求机制无法满足技术创新需要时，政府可以采取税收、金融等手段进行干预，提高技术对经济增长的带动作用。阿罗认为，技术的生产是一种信息，而信息是一种商品，它是一种有价值的产品，它可以在任何地方自由流通，没有任何法律保护，任何人都无法垄断。也就是很难发现一种资讯产品，拥有这种产品的人不想出售，想买这种产品的人也没办法估价。因此生产并不是最好的社会效果，很多人都和产品所有者进行协商，最终得到了各种各样的价格。阿罗在《经济福利和发明资源的分配》（*Economic Welfare and the Allocation of Resources for Invention*）一文中提出市场失灵论，认为政府需要进行干预，为政府支持科学技术奠定了理论基础。

然而，新古典学派主要采用了静态的经济模型进行分析，无法反映动态的技术变化和创新的现实情况。同时，其并没有将制度纳入模型中进行考虑，也没有对企业生产率的差异等重要指标进行分析[①]。新古典

---

① 彭纪生，刘伯军. 技术创新理论探源及本质界定［J］. 科技进步与对策，2002（12）：101 – 103.

学派将创新的内部作用机制看作"黑箱"，不去探究其中的运行机制，这也是新古典学派存在的较大缺陷之一。

（二）新熊彼特学派

与传统的古典经济学派不同，熊彼特的"创新"理论是对传统的"创新"理论的继承，把"技术创新"视为经济发展的中心环节。新熊彼特学派区别于新古典学派的地方在于，对"索洛黑箱"内部的运行机制进行了研究，其所关注的主要问题有：创新与市场结构之间的关系、创新与企业规模之间的关系以及新技术的推广问题[①]。

美国经济学家戴维（David）创立了公司规模的"起始点"理论。这一理论认为，企业必须要有一定的规模才能应用新技术。如果公司太小，这种新技术的应用会增加产品的成本，降低竞争力，降低利润，在盈利上不划算。公司采用新技术所需要的最小规模，应是在采用这种技术后，可以节约的劳动力成本，减去使用新技术每年所需要的成本。在采用新技术之后，公司可以节约的成本至少要达到使用新技术的平均成本。企业的规模起始点越小，所获得的投资也就越少，这样会有更多的企业使用新技术，才有利于新技术的推广。因此戴维认为，降低公司的"起始点"是推动企业创新的重要因素。

卡曼（Kamien）和施瓦茨（Schwartz）则从垄断和竞争的角度出发，分析了技术创新与市场结构之间的关系，并提出了最适合技术创新的市场结构。其主要贡献有三点：市场规模、企业规模和垄断竞争力量对技术创新的影响。卡曼和施瓦茨认为，对创新活动最有利的就是垄断

---

① 张凤海，侯铁珊．技术创新理论述评 [J]．东北大学学报（社会科学版），2008（2）：101－105.

竞争的市场结构。由于在完全竞争的市场环境中，公司的规模通常很小，缺乏足够的竞争力来保证持续的技术创新效益，无法为技术创新提供资金和物质条件。而完全垄断的情况下，由于没有竞争者的威胁，很难激发公司的重大革新动力。因此，一种介于垄断与完全竞争的市场结构形式，可以克服这两种极端的市场结构的缺陷，同时具有两者的长处。所以，在技术创新中，垄断竞争的市场结构是最优解。基于此市场环境，卡曼和施瓦茨将创新分为了两种形式：第一种是为了获取垄断优势而进行的主动的技术上的创新；第二种则是被竞争对手所迫而产生的技术上的被动创新。在此种市场结构下，这两种创新都是不可缺少的。拥有垄断竞争创新优势的企业由于竞争对手的被迫创新，其垄断地位将会很快消失；而不被迫进行创新，仍然沿用旧的生产技术的企业最终将会被淘汰。因此，两种形式的竞争是共存且互相促进的，这也印证了垄断竞争市场结构是最有利于创新的市场结构。

新熊彼特学派还对技术推广的速率和方式进行了研究。曼斯菲尔德（Mansfield）对新技术在同一行业中的应用和发展的影响因素进行了分析。他认为，新技术的发展速度最主要的经济因素是：第一，新技术被模仿的期望收益。更高的期望回报意味着更多的模仿和更高的模仿。第二，创造新技术需要投入的资金。新技术的投入越大，其模仿的概率和效仿度就越低。第三，企业资金供应情况。资金供应越困难，就越不容易被仿效。第四，模仿比率。模拟率越高，则说明有更多的公司在模仿，也就是新技术的推广效果更好。一般而言，一项新技术刚起步时，由于缺乏足够的信息、缺乏足够的经验，采取新技术的风险很高，因而企业常常会望而却步。后来，随着技术的发展，使用风险降低，模仿的企业越来越多，新技术也就推广开来。格里列希斯（Griliches）在对农业中杂交水稻技术推广的研究中提出了"S形增长曲线理论"。在新技术的传播中，技术传播的初始速度是缓慢的，然后逐渐加速，直到达到峰值，随后技术扩散的速度也会越来越慢，最终达到一个临界点。而技术扩散的影响因素包括经济因素、文化因素等多个方面。

区别于熊彼特的创新理论，新熊彼特主义的研究重点是创新的机制，包括创新的产生、过程、方式等方面的机理。但是，新熊彼特学派也存在缺陷：它忽略了对制度创新的研究。从熊彼特的著作中可以看出，经济增长并不只是受技术创新的影响，更重要的是制度上的创新。新熊彼特学派认为，经济体制和个体偏好仍被视为外部变量，因此不能用这个框架来解释技术革新与经济发展的重大影响。

（三）制度创新学派

制度创新学派借鉴了熊彼特的"创新"思想，对熊彼特的"制度创新"理论部分进行了深入的探讨，并对其进行了系统的完善和发展。其代表学者主要是美国经济学家戴维斯（Davis）和诺斯（North），其关注的主要内容是促进制度创新的因素以及制度创新的过程。

戴维斯和诺斯在《制度变革和美国经济增长》（*Institutional Change and American Economic Growth*）一文中将制度因素引入经济增长的分析中，得出了制度水平的好坏决定了技术发展水平和技术发展速度的结论。经济发展的关键在于建立一种能够为个体带来有效刺激的制度，这种制度建立了一种所有权，也就是建立一种控制和分配资源的制度，使得每个行为的社会收益与私人收益几乎是一样的。同时，产权的定义与变更是导致体制变迁的原因和动因。开发新技术必须要有一套系统的产权体系，这样才能提高私有创新的回报率，从而达到与社会收入相当的程度。如果一个社会的所有权制度能够清楚地规定和有效地保护每一个人的专有权，并降低创新的不确定性，就能够使创新者获得最大的个人收益，从而推动经济发展。戴维斯、诺斯等同时聚焦了制度创新的过程，将制度创新视为制度不平衡与制度平衡的交替演变，也就是制度变迁和发展的过程。在制度平衡的条件下，现行制度的改革并不能使参与改革的人获得更多的好处，因而也就没有动力去进行改革。然而，当外部环境、市场规模、技术、利益群体对自身收益的期望等因素发生变化时，新的体制改革可能会再度产生，继而实现体制上的平衡。在制度学派的经济学家眼中，制度的不断完善，就是一个由制度的不平衡向制度平衡的循环往复的演变和发展。在制度创新的主题选择上，在有个人、团体、政府三个层面可以选择的情况下，由于体制改革的成本太高，或者在获得潜在的经济利益时，会受到私有财产的限制，或者私人市场还没有完全发展起来，所以个人和组织很难担当起"最大的组织"的责任，而政府体制改革总体上具有明显的优势，这意味着政府主导的制度改革是最好的选择。

以戴维斯和诺斯为代表的制度创新学派把熊彼特的"创新"和"制度"有机地结合起来，深入地论述了熊彼特的制度创新。此外，制度创新学派对制度的研究主要集中在局部平衡和相对静态的分析上，缺少动态的分析，从而使实证分析变得困难①。

（四）国家创新系统学派

随着创新理论的不断发展，单一的模型已经无法对复杂的创新机制作出合理的解释。企业、大学、科研机构、政府、社会、媒体等众多主体都是创意的源泉，系统论式的创新理论应运而生，其中最具代表性的

---

① 张凤海，侯铁珊. 技术创新理论述评 [J]. 东北大学学报（社会科学版），2008（2）：101-105.

是"国家创新体系"。国家创新系统学派认为，创新不只是单一的企业或个人行为，而是国家作为一个创新系统所促进的。国家创新系统学派主要分为宏观层面和微观层面的研究。

宏观层面的国家创新学派的代表人物是弗里曼（Freeman）和纳尔逊（Nelson），他们从宏观层面对国家的创新系统进行了研究。弗里曼以第二次世界大战后日本的高速发展为研究对象，在《技术和经济运行：来自日本的经验》（*Technology Policy and Economic Performance：Lessons from Japan*）中，第一次提出了国家创新体系，将创新看作国家行为。其研究表明，在短期内，相对落后的国家可以通过进行政策、组织和体制等方面的创新和改革，实现快速的经济发展，完成反超。纳尔逊则以美国为例，研究推动企业创新的一般国家制度。其著作《国家创新系统》（*National Innovation Systems*）中提道："现代国家的创新体系是一个非常复杂的体系结构，它包含了各种体制和技术行为的要素，也包含了从事公共技术知识的高校、科研机构，还有政府中的投资与计划。"纳尔逊强调技术改革的必然性和体制的适应性，指出科技发展的进程是不确定的，所以在国家创新体系中，体制安排要有弹性，发展策略要灵活多变。微观层面的国家创新学派的代表人物是伦德瓦尔（Lundvall）。其观点认为，在国家创新体系包括大学、研发部门等与研究与发展密切相关的体制与体制，从更广的层面来说，是指影响学习、研究、创新的所有经济和经济体系[①]。

国家创新系统学派的研究为国家创新制度的构建打下了坚实的基础，从而使各国对国家创新制度的发展有了更好的了解，从宏观层面解释了国家创新体系各个要素的效能与整合。然而，由于缺乏不同国家之

---

① 丁娟. 创新理论的发展演变 [J]. 现代经济探讨，2000（6）：27－29.

间创新制度的对比，该理论在解释各国技术创新的支持机构、机构和国家间的相似性、这种相似性是怎样产生的、如何解释不同国家的经济表现等方面存在一定的欠缺。

第二节　创新与经济发展

一、新古典增长理论

（一）理论背景

新古典增长理论是经济增长理论演进和发展过程的一个重要阶段，公认由索洛（Solow）和斯旺（Swan）于 20 世纪中期创建，后经卡斯（Cass）和库普曼斯（Koopmans）进一步演绎形成一个对经济增长进行较系统论述的理论体系。

新古典增长理论的发展与当时的理论发展条件息息相关：1936 年，凯恩斯（Keynes）的著作《就业、利息和货币通论》（*The General Theory of Employment，Interest and Money*）的出版标志着宏观经济学真正成为独立学科而存在；剑桥资本争论激发了相关理论蓬勃发展；各类研究工具不断产生和发展，诸如动态优化，以及解释西方经济现实失败的哈罗德－多马模型（Harrod－Domar Model）等，但其底层理论逻辑给索洛－斯旺模型（Solow－Swan Model）的建立提供了理论基础和创新灵感。另外，当时的现实背景也是理论发展的催化剂。经历两次世界大战的冲击，西方发达国家亟须恢复和重建，加之以科学技术应用和重大发明出现为标志的第三次科技革命正在同时进行，对各国而言正是拉动经济增长的关键时期。

（二）代表性理论

1. 索洛经济增长模型

1956 年，索洛和斯旺共同提出了新的经济增长模型，被称为索洛－斯旺模型，常简称索洛模型（Solow Model）。自 20 世纪中期以来，索洛模型主导了经济增长相关理论的发展。索洛的《对经济增长理论的贡献》（*A Contribution to the Theory of Economic Growth*）和《技术变化与总生产函数》（*Technical Change and the Aggregate Production Function*）这两篇论文展示了索洛对经济增长理论的主要贡献，论文主要阐述了不同因素是如何对经济增长和发展产生影响的长期经济增长模型。在索洛模型中，劳动、资本、技术进步共同决定经济总体的增长贡献，并且假定总生产函数的规模报酬不变，满足储蓄率为确定值且技术进步等是外生的条件，最终得出劳动力和技术进步能够驱动经济长期增长的论断。索洛模型的提出建立在哈罗德－多马模型之上，但开创性地指出了技术进步是隐藏在资本和劳动背后的维持经济长期、持续增长的重要力量。索洛模型对于经济增长理论的发展具有里程碑式的作用，几乎是所有增长问题研究的起点，但这并不意味着索洛模型是完美无瑕的，由于模型在设定上的部分缺陷，随着 20 世纪 80 年代内生经济增长模型开始兴起，索洛模型逐渐被取代。

2. 修正的新古典增长理论

索洛模型的研究对象较为宏观，其主要关注点在经济总量关系，这种研究角度的优点是使得模型结构简单清晰，但不足也很明显，未从微观角度考虑消费者的偏好，对于经济增长和社会福利的关系不能很好地解释。基于此，拉姆齐（Ramsey）在《储蓄的数学原理》（*A Mathematical Theory of Saving*）一文中从微观视角创建了拉姆齐模型（Ramsey Model），在理论上提出了最优储蓄和最优消费的概念，拉姆齐认为，储蓄率可以不再是外在给定的，而是家庭最优化内生选择的结果。1965年，基于拉姆齐提出的具有无限期界的动态一般均衡分析法，卡斯和库普曼斯相继运用此种方法重新改写了新古典增长模型。修正的新古典增长模型使消费者最后边际消费倾向在短期内并非一成不变，而是个人资本存量变化的函数。由于最优边际消费倾向与边际储蓄倾向相加为 1，故而边际储蓄倾向并非不变的，而是个人资本量的函数。模型修正后仍与索洛模型类似，修正后的模型中，微观层面决策的变化导致宏观层次经济总量产生变化。虽然劳动和技术变化率依然被看作外生变量，但修正后的模型是基于竞争性市场下家庭和厂商都处于最大化这一条件推导出资本存量变动的，结果表明储蓄率不再是外生的，也不需要是定值。

二、内生增长理论

（一）理论背景

内生增长理论，亦称新增长理论，产生于 20 世纪 80 年代中期，隶属于西方宏观经济理论，是经济增长理论发展到较后期的理论。1986年保罗·罗默（Paul M. Romer）发表的《递增收益与长期增长》（*Increasing Returns and Long – Run Growth*）和 1988 年卢卡斯（Lucas）发表的《论经济发展机制》（*On the Mechanism of Economic Development*），并被公认为是新增长理论发展过程中具有里程碑意义的两篇文章。阿罗、罗默、卢卡斯（Lucas）、格罗斯曼（Grossman）、赫尔普曼（Helpman）、阿吉翁（Aghion）、豪伊特（Howitt）等经济学家都在新增长理论的产生和发展过程中作出了重要贡献。

在第二次世界大战后的几十年中，西方发达国家的经济增长波折不断，或大或小的经济危机纷至沓来，但这些并没有改变总体增长的趋势，甚至在石油危机后仍呈现高速增长，其中以美国最为突出。经济一体化趋势强劲，第三次科技革命方兴未艾，物质资本、人力资本和金融资本在城市与国家间大规模流通，知识的传播与技术的交流在速度和范围两个维度的提升都是前所未有的，这些都为新增长理论的出现奠定了基础空间。

在技术层面，随着计量经济学的发展，各种数据的整理与挖掘方法得以发展，带动了实证研究的持续发展。基于现实数据的检验表明，现实中实际经济发展与新古典理论的预测并不相符，理论学者进一步分析和挖掘经济增长的源泉，发现了经济增长的其他影响因素，诸如人力资本、制度、技术创新与知识等。研究证实，上述因素与经济增长存在密切关系，不能将其简单设定为常量，而要把这些因素纳入模型，使其内生化。随着时间的后移，内生增长理论应运而生。

（二）代表性理论

1. 阿罗的干中学模型

1962 年阿罗在《干中学的经济意义》（*The Economic Implications of Learning by Doing*）一文中提出了"干中学"（Learning by Doing）模型，创新地描述了一种"技术进步"的过程，在当时具有开创性意义。阿罗将人从生产中获得知识的这一过程内生化，在模型中假定，资本在积累的过程中会带来技术进步或生产率提高，即新投资具有溢出效应。展开来说就是，通过"学习"可以获得技术，其具体机制是，学习是以往经验的结果。即生产者劳动得越多，获得的经验越多，人均产出也就越多，人均生产率随着经验的积累而增加。根据这一理论，不仅投资的制造商可以通过累积生产经验来提高生产率，其他制造商也可以通过"学习"来提高生产率。所以，阿罗认为技术进步是由经济体系决定的内生变量。

2. 罗默的知识外溢模型

1986 年，罗默在《收益递增和长期增长》（*Increasing Returns and Long - Run Growth*）一文中提出了一个内生技术变化和无政府干预的次优竞争均衡模型。除了传统的资本和劳动外，罗默在经济增长曲线上创造性地加上人力资本和技术创新，并假设促进长期经济繁荣的知识积累和投入具有边际生产力逐渐增加的特征。这是由于无法全面垄断新知识的出现，而新知识给其他的经济体的生产可能性带来了积极的外部影响，并且在全部投入都保持不变，新知识也会持续增加，同时知识生产自身的收益递减变相保证了消费和效用不会过快增长。这篇论文的模型建立在完全竞争的假设上，对于现实的解释力与实用性有所不足，同时也无法确切地描述技术商品的非竞争性和部分排他性等独特属性。

罗默于 1990 年发表了《内生技术变化》（*Endogeous Technological Change*）一文，对基础模型进行了升级，进一步提出了一个由资本、劳动、人力资本和技术四要素，以及研究部门、中间产品部门和消费品部门组成的动态垄断竞争模型，简称四要素三部门模型。罗默认为，厂商为了获得最大化的利润而去投资技术研发最终带动经济增长，但由利润驱动出的内生技术不是传统理论模型中的普通产品或公共产品，而是一种非争夺性和部分排他的产品，这代表价格竞争不完全有效，由此产生的是一种垄断竞争的均衡。该模型的结论是，市场规模不能单纯地由人口衡量，人口基数庞大不等于就能促进经济增长，经济增长率主要取决于知识和人力资本存量；知识具有溢出效应，也可被收买而用于垄断定价，所以在均衡状态下，投入技术开发的人力资本会不能及时补充而出现不足的情况，并且知识对利率的变化比较敏感；政府可以通过补贴人力资本生产提高效率，而融入世界市场则有利于提高经济增长率。

3. 其他代表性模型

1988 年，卢卡斯将人力资本及其外溢效应内生化，通过内生增长模型对经济长期增长的因素及各地区间的收入差异进行了实证分析，强调了人力资本积累在其中的重要性，形成了人力资本溢出模型。1991年，格罗斯曼和赫尔普曼发表了文章《增长理论中的质量阶梯》（*Quality Ladders in the Theory of Growth*），形成了产品质量升级模型。模型放弃了完全竞争的假定，把知识积累看作对研究开发投资的结果，认为垄断利润构成了对研发投资的激励，在模型中明确引入了创新和技术进步。模型主张经济中存在多样的产品，每种产品都存在一个质量提升阶梯，并且后一个质量提升是建立在前一个质量之上的，但它们之间的关系不是完全替代，而是不同产品同时进行着各自的质量提升，由于创新会导致旧产品生产商产生损失，从而创新的私人成本会小于社会成本，导致研究密度和增长率过高。为使经济达到帕累托最优，政府首先必须进行判断市场对创新活动的激励是否不足或过激，根据判断结果不同采取不同对策。1992 年，阿吉翁和豪伊特发表文章《以创造性破坏为增长模型》（*A Model of Growth Through Creative Destruction*），提出了创造性毁灭模型。技术是经济生产至关重要的中间产品，企业家一旦掌握了先进的技术，随即拥有了市场力量，最终获得了超额利润，促使企业家不断地投入资源进行研发，新技术取代旧技术成为主流，新的赢家取代了垄断并赚取高额利润的老牌企业，从而实现整个经济的"创造性破坏"。

第三节　公共物品与外部性理论

环境与创新的对立关系主要来自环境保护的公共产品属性及其延伸的外部性特征。环境规制迫使企业必须从事具有公共产品属性和外部性特征的环保行为，从而可能挤占企业有限的利润，使得企业创新投入减少。因此了解公共物品与外部性相关理论能够帮助更好地理解环境与创新之间的内在关系和影响机理，从而为环境与创新协同发展打下良好的理论基础。

一、公共物品理论

（一）理论背景

公共产品理论是新政治经济学的基本理论，也是正确处理政府与市场关系、转变政府职能、完善公共财政收支建设、促进公共服务市场化的重要理论。公共产品理论起源于部分学者将边际效用价值论应用在财政领域，以探究政府、财政等在市场经济运行中的合理性和互补性问题。英国政治学家托马斯·霍布斯（Thomas Hobbes）的《利维坦》（*Leviathan*）一书对社会契约的论述为公共产品理论的形成奠定了基础。

其后，英国哲学家大卫·休谟（David Hume）在《人性论》（*A Treatise of Human Nature*）中提出"搭便车"问题，文中已触及公共产品理论的核心问题。继休谟之后，亚当·斯密对公共产品做了一个初步的分类。不仅如此，李嘉图（Ricardo）、帕累托（Pareto）、庇古（Pigou）、马歇尔（Marshall）以及凯恩斯（Keynes）等学者的一系列研究也不可避免地与公共产品理论存在联系，公共物品理论也在不断地发展中有了系统的研究体系。彼时，世界诸多国家商业革命的爆发和由君主主导的早期重商主义国家治理实践的持续进行导致了商业资本主义的迅速发展、壮大。各国资产阶级通过斗争最终推翻了专制君主制度，建立了君主立宪制度的雏形并推行了晚期重商主义国家治理实践。由此一来，广纳型的政治制度和税收国家为资产阶级经济学家提出公共物品理论奠定了重要的制度前提。新兴自由主义学派理论于 20 世纪中期开始兴起，这一理论对凯恩斯主义的国家干预经济的思想提出了诸多批判和质疑。在理论方面，新古典综合学派明确了公共产品这一概念，为政府通过提供公共产品和服务促进经济稳定奠定了理论基础，证实了政府干预的重要作用。这也是公共产品在此阶段发展的特定历史和社会背景。

（二）代表性理论

1. 萨缪尔森——公共物品的定义

萨缪尔森（Samuelson）连续发表两篇论文《公共支出的纯理论》（*The Pure Theory of Public Expenditure*）和《公共支出理论的图解阐述》（*Diagrammatic Exposition of A Theory of Public Expenditure*），对于"什么是公共物品"给出了目前理论界普遍接受和认同的答案，并将私人物品和公共物品作出划分，认为公共物品具有消费的非竞争性，即"公共产品是指能将效用扩展于他人的成本为零，并且无法排除他人参与共享的一种商品"，阐释了公共物品所具有的基本特征。同时，在萨缪尔森思想的启蒙下，马斯格雷夫（Musgrave）认为公共产品理论是财政配置的核心，并出版著作《公共财政理论》（*The Theory of Public Finance*），明确了公共产品的基本定义和属性，即消费的非竞争性与非排他性。

2. 布坎南——俱乐部物品

詹姆斯·布坎南（James Buchanan）是俱乐部理论的奠基人之一。区别于以消费特征区分物品属性的传统分析框架，布坎南主张公共产品取决于供给，而并不取决于自身消费特征，并在《俱乐部的经济理论》（*A Economic Theory of Clubs*）一书中提出了"俱乐部物品"这一概念，即"一种消费、所有权在会员之间的制度安排"。俱乐部理论的目标在于解释非纯公共物品的配置问题，认为在物品性质上并不存在私人物品与公共物品的对立划分，只有"俱乐部物品"，其介于纯私人物品与纯公共物品之间。在此基础上，纯私人物品可以解释为是最优会员规模为一个成员的物品，而纯公共产品则是最优会员规模为无穷大的物品。俱乐部物品既具有排他性，又具有非竞争性，并且这种非竞争性是否能够继续存在很大程度上取决于俱乐部规则，诸如实行会员进入限制。在俱乐部理论的框架下，大多数物品均属于"俱乐部物品"的范畴，同时具有一定的消费成员规模和"公共性"。

布坎南提出的俱乐部理论的重点在于从社会整体出发分析均衡，综合考虑俱乐部的内外均衡，探究俱乐部物品消费量与最优成员规模的关系。这一理论借助公共品需求偏好显示机制，引导个人自愿结社形成"俱乐部"，促进可排他性公共物品最优化配置。也即在公共物品具备区域性特征的情况下，市场机制能够充分发挥引导资源配置的作用，俱乐部成员依托市场的配置作用，采用"以足投票"也能够在一定程度上解决公共选择问题，提升公共物品的配置效率。不仅如此，俱乐部理论的现实意义也在于，为拥挤问题的探究和解决提供了理论支撑。

3. 奥斯特罗姆——公共池塘资源

美国著名经济学家埃莉诺·奥斯特罗姆（Elinor Ostrom）对"公地悲剧"问题展开了相关的研究，发表了《公共事物治理之道：集体行动制度的演进》（*Governing the commons*：*The Evolution of Institutions for Collective Action*），在其中提出了"公共池塘资源"的概念，并对公众消费这一资源的集体行动进行分析。其研究发现，公共池塘资源具有消费的竞争性，还具有非排他性。

与此同时，她对公共池塘资源自主治理模式的可能性进行探究，分析了个人理性行为可能会造成集体非理性行为的问题。她认为，一种物品消费的竞争性和排他性是独立的两个属性，而根据竞争性和根据物品竞争性及排他性的高、低程度，可将所有物品划分为四类，具体包括：公共物品、收费物品、公共资源及私人物品。而根据公共资源和收费物品的物品程度，将其划分在私人物品及公共物品之间。在公共池塘资源模型中，相对于俱乐部物品而言，由于其具有非排他性，因此公共池塘资源的竞争性要求每种公共池塘资源的每个消费者的支付意愿存在差异。

因此，部分公共池塘资源问题能够转化成俱乐部问题分析和处理。如果公共池塘资源的使用群体规模较小，并且具有清晰的产权界定以及完善的奖惩制度，这种资源就具有可交易性，能够转化成私人物品处理；如果公共池塘资源的使用群体规模很大，但具有排他性时，其能够转化成俱乐部物品处理。

二、外部性理论

（一）理论背景

外部性理论最早起源于古典经济学时期。18 世纪前半叶，英国正在经历由工场手工业向大机器工业发展的过渡时期，工业资产阶级和工业无产阶级发展和壮大起来，正处在从商业资本向产业资本转变的关键时期。在这样的时代背景下，亚当·斯密在《国富论》的后半卷谈到公共工程和公共设施费用时，意识到了"外部性"的存在，由此可认为是外部性思想的萌芽。

继亚当·斯密之后，外部性理论的发展历程主要包括马歇尔、庇谷以及科斯三个代表性阶段。一般以马歇尔在《经济学原理》（*Principles of Economics*）中阐释的"内部经济"和"外部经济"概念为外部性的理论诞生的标志；在此之后，庇古于《福利经济学》（*The Economics of Welfare*）中提出"内部不经济"和"外部不经济"的概念，同时还提出了著名的"庇谷税"（Pigovina Tax）；科斯（Coase）于《社会成本问题》（*The Problem of Social Cost*）以"庇古税"处理外部性问题的思路为背景，提出了著名的科斯定理，进一步丰富和完善了外部性的理论框架。

第二次世界大战之后，经济一体化加剧，物质、人力和金融资本在城市与国家间大范围和大规模的流通，知识与技术的交融交汇达到前所未有的速度和高度，外部性理论的研究呈现日渐繁荣之势，在上述经济学家及其追随者的努力下，外部性理论研究不断发展，体系逐渐成熟，已成为现代经济学研究的一个新热点。

（二）代表性理论

1. 马歇尔的"外部经济"

马歇尔在《经济学原理》一书中分析了个别厂商与行业经济运行时首次引入了"外部经济"与"内部经济"一对概念，以解释工业组织变化如何能够驱使产量增加。对于"第四类要素"——工业组织，马歇尔认为："我们可把因任何一种货物的生产规模之扩大而发生的经济分为两类：第一是有赖于这工业的一般发达的经济；第二是有赖于从事这工业的个别企业的资源、组织和效率的经济。我们可称前者为外部经济，后者为内部经济。"[①] 其分析得出："第一，任何货物的总生产量之增加，一般会增大这样一个代表性企业的规模，因而就会增加它所有的内部经济；第二，总生产量的增加，常会增加它所获得的外部经济，因而使它能花费在比例上较以前为少的劳动和代价来制造货物。"[②] 马歇尔并未直接得出外部性这一概念，但"外部不经济"的概念能够从外部经济的概念中拓展推理得到。凭借其开创性的研究，马歇尔也被后世认为是外部理论的首创者。

2. 庇谷的"庇古税"

在马歇尔提出的"外部经济"与"内部经济"这对概念的指导下，庇古进一步提出了外部性理论。庇古在《福利经济学》一书中提出，把马歇尔研究的外部对企业的影响意义上的"外部经济"概念，转到了研究企业行为对周围其他企业和居民的影响，由此提出了在"私人

---

①② 马歇尔. 经济学原理（上卷）[M]. 北京：商务印书馆，1981：278，328.

收益与社会收益不一致，私人成本与社会成本不一致"意义上的外部性概念。外部性包括正外部性与负外部性。当私人边际收益小于社会边际收益、私人边际成本大于社会边际成本，表现为正外部性；当私人边际收益大于社会边际收益、私人边际成本小于社会边际成本时，表现为负外部性。针对外部性问题，庇古提出了"庇古税"这一重要理念，并在实践中得到广泛应用。其主要观点是，政府应当发挥干预作用，通过征税和补贴手段促使私人和社会在成本与收益上达成一致，进而纠正外部性，优化资源配置，实现帕累托最优。庇古开创性地从福利经济学视角出发深入探究外部性问题，提出了"外部不经济"的相关理论，主张利用征税手段和补贴手段来内部化外部性。

然而，"庇古税"的局限性在于：其一，由于可能存在的决策局限性，政府的干预并不能保障产生外部性的经济主体得到相应的补偿和惩罚；其二，外部性相关的边际成本和收益难以得到准确的量化；其三，政府的干预需要成本。上述制约因素导致"庇古税"的实践效果可能背离其政策初衷。

3. 科斯的"科斯定理"

科斯在其经典论文《社会成本问题》中以"庇古税"处理外部性问题的思路为背景，提出了著名的科斯定理（Coase Theorem）。科斯认为，庇古解决外部性问题的方法是错误的。科斯文中的观点是，如果交易费用为零，理性的经济主体会将溢出的成本及收益统一纳入分析框架，并不考虑社会成本。因此，无论产权如何安排，经济资源都能够得到最优化配置，实现帕累托最优。针对外部性如何解决这一难题，科斯突破了以往经济学家已有的研究范畴，提出外部性的相互性，并重视市场在解决外部性的重要作用，在某些情况下，市场的配置作用可能比政府的宏观调整更加有效。根据"科斯定理"，当交易费用为零时，当事者之间谈判亦不存在费用，双方能够在自愿谈判的基础上纠正经济外部性的影响，实现帕累托最优。此时，区别于"庇古税"依靠政府干预保证实施，并不需要政府的介入。而当存在正的交易费用时，需要综合考量政府干预成本与市场交易费用，通过比较两类成本的大小选择实行市场化方法抑或是政府干预。科斯主张采用市场化方法来处理外部性问题，进一步丰富了经济自由主义的内涵，这也表明政府干预并非市场失灵问题的唯一解决方案。

然而，这一定理同"庇古税"类似，在实际应用中，科斯定理的可操作性受到一定条件的制约：当事者之间并不存在谈判成本；在市场上能够自由进行产权的交换；通过谈判能够实现帕累托最优（Pareto Optimality）。

第三章

环境规制的制度背景及演变

中国的环境规制最早可以追溯到 20 世纪 70 年代，国务院总理周恩来要求相关部门和地区对环境问题予以重视，并及时采取措施防范和治理环境污染。1972 年 6 月，国务院批准建立官厅水库水源保护领导小组，拉开了中国水域污染治理的序幕。1972 年 6 月联合国人类环境会议召开，掀起了全球环境保护的思潮，同时也使中国政府意识到环境污染问题的严峻性和复杂性，为中国环境保护工作的开展提供了契机。总体而言，中国的环境规制正式起源于 1973 年 8 月召开的第一次全国环境保护会议，会议对中国环境治理的意义主要体现在三个方面。首先，制定了《关于保护和改善环境的若干规定（试行草案）》，标志着中国环境保护事业开始兴起，"规定"包括十个方面的环境保护要求和部署；其次，确立了中国环境保护的"32 字方针"："全面规划、合理布局、综合利用、化害为利、依靠群众、大家动手、保护环境、造福人民"；最后，提高了对中国环境污染的认识，强调了环境保护的重要性。此次会议后，国务院环境保护领导小组于 1974 年成立，各地区也陆续成立了相应环保机构，中国的环境规制工作有序开展。

第一节　环境规制制度的演变

中国的环境规制起步于 20 世纪 70 年代，总体经历了从无到有、由点及面、逐步深入的过程，具体可以划分为以下三个阶段：

一、初步探索阶段（1973～1993 年）：区域治理、政策体系初步构建

在这一阶段，中国政府着力开展重点地区污染治理，并持续完善环境法律法规，中国环境规制逐渐步入法制化的轨道。自新中国成立以来，中国推行优先发展重工业的经济发展策略，伴随着工业规模迅速扩张以及乡镇企业的发展壮大，污染排放大幅增加，而环境规制进程明显滞后于经济发展，导致中国的环境污染形势日益严峻，20 世纪 70 年代初发生了诸如大连湾污染、松花江汞污染、蓟运河污染、北京官厅水库污染等影响重大的环境污染事件。在此基础上，中国政府开展了对工业"三废"排放以及重点污染区域的环境调查工作，深化了对中国环境污染问题的认识。1973 年第一次全国环境保护会议召开后，中国政府对环境保护的重视程度进一步提升。

一方面，环境规制法律制度体系逐步建立。具体而言，在环境立法方面，1974 年，国务院出台了中国第一部沿海海域污染防治的法规《中华人民共和国防治沿海水域污染暂行规定》。随后，《工业"三废"排放试行标准》《生活饮用水卫生标准》等一系列环境标准相继颁布，为借助定量手段治理环境提供了政策支撑。1979 年，第五届全国人大

常委会审议通过了《中华人民共和国环境保护法（试行）》，首次以法律形式明确了环境保护的组织要求，为科学实施环境规制提供了法律支撑。为解决经济与环境的失调问题，1982 年国务院出台了《关于在国民经济调整时期加强环境保护工作的决定》，对 1979 年《中华人民共和国环境保护法（试行）》作出有益补充。此后，一系列针对水污染、土地使用、大气污染等的单项环境政策相继实施，其中既包括《中华人民共和国水污染防治法》《中华人民共和国水法》《中华人民共和国大气污染防治法》等污染防治法律，又涉及《中华人民共和国海洋环境保护法》《中华人民共和国森林法》《中华人民共和国草原法》《中华人民共和国矿产资源法》《中华人民共和国土地管理法》等资源利用方面的相关法律。1989 年，第七届全国人民代表大会常务委员会第十一次会议正式将《中华人民共和国环境保护法（试行）》修订为《中华人民共和国环境保护法》，明确了污染主体的责任，在一定程度上促进了环境单行法的颁布实施。至此，中国环保法律体系初步建立。1993年，第八届全国人民代表大会第一次会议审议决定成立全国人大环境与资源保护委员会，初步提出了"中国环境与资源保护法律体系框架"，标志着中国环境立法步入新阶段。

在制度建设方面，1983 年，第二次全国环境保护会议正式将环境保护确立为基本国策，并推出了中国环境保护的总体方针和策略，即"三同步，三统一"，着力推动经济建设、城乡建设与环境建设和谐发展。1989 年，第三次全国环境保护会议确立了三大政策和八项制度，具体包括：预防为主、防治结合，谁污染谁治理，强化环境管理这三大政策；"三同时"，环境保护目标责任制，环境影响评价，城市环境综合整治定量考核，排污申请、登记、许可与收费，限期治理，污染集中控制等八大制度，标志着中国开始采用法律手段解决污染问题。1992

年，联合国召开环境发展大会，并在会上通过了《生物多样性公约》。会后，中共中央、国务院发布了《中国环境与发展十大对策》，其中明确指出，要转变发展战略，走可持续发展道路，奠定了中国环境治理的总基调。1993年，中共中央、国务院批准并转发中国外交部和国家环保局《关于出席联合国环境与发展大会的情况及有关对策的报告》，再次提出中国环境与发展的十大对策，强调要实行可持续发展战略，走可持续发展道路。以上法规和制度形成了一套相对系统的环境规制管理制度体系，在污染防范和治理方面发挥了至关重要的作用。

另一方面，环保机构逐步建立。为统筹协调环境规制工作，1982年，第五届全国人大常委会第二十三次会议决定成立城乡建设环境保护部，并将国务院环境保护领导小组改为下设的环境保护局。在此基础上，中国政府于1984年成立国务院环境保护委员会，并于1988年将环境保护局升级为国务院直属的副部级单位，至此，中国的环境管理机构基本建立，有利于推进中国环境规制工作的深入开展。不仅如此，这一阶段中国与诸多国家和国际组织深度开展了环保合作，并不断拓展环境保护国际合作的深度和广度。1992年，中国政府批准成立环境与发展国际合作委员会，旨在加强环境保护方面的国际合作，在污染控制、资源供给、环境执法、清洁生产等方面提供政策咨询和预警，为中国环境保护事业提供了可借鉴的国际经验。

总体来看，1973～1993年是中国环境规制的初步探索阶段，这一阶段中国政府在区域污染治理环境立法、制度建设等方面进行了积极的探索，明确了坚持环境保护这一基本国策的可持续发展路线，形成了以《中华人民共和国环境保护法》为基础的环境规制立法体系和以三大政策和八项制度为代表的环境规制制度体系，有力地推动了中国的环境治理进程。然而，这一阶段的环境政策主要着眼于中国环境治理方向的把控，对环境规制的法律和制度缺乏系统性和规范性要求，污染治理手段相对单一，有待进一步细化和深入，中国环境规制水平亟须进一步提升。

二、优化发展（1994~2012 年）：以点带面，严防严控，建设生态文明

1993 年以来，伴随着中国经济体制向市场经济转型，现代企业制度加速推进，城镇化步伐加快，推进了城市工业化的进程，加之乡镇企业长期无序化发展，导致工业污染和城市生活污染排放急剧增加，环境问题频发，出现了流域性和区域性环境污染。基于此背景，中国政府的污染防治重心逐渐转移到重点流域和区域的环境治理，以点带面，严防严控，集中力量深入开展环境规制工作。

从污染治理的重点出发，这一阶段着力推进河流、大气污染以及重点城市的污染控制工作，贯彻实施可持续发展战略，以流域和区域污染治理带动全国环境保护工作的开展。1994 年起，诸多流域、区域性的污染防治法规相继颁布。首先是针对淮河流域污染的《淮河流域水污染防治暂行条例》的颁布实施取得了显著成效，至 1997 年，淮河全流域总体实现工业污染源达标排放。1996 年，第四次全国环境保护会议着重指出"保护环境的实质就是保护生产力"，确定了"坚持污染防治和生态保护并举"的环境治理路线。紧随其后，国务院批复《国家环境保护"九五"计划和 2010 年远景目标》，确立了 2000 年实现"一控双达标"的环保目标，并提出要全面实施"33211"工程，重点推进污染防治重点地区的污染防治工作，主要涉及 4 个方面的环境保护重点，水污染重点考察三河（淮河、辽河、海河）、三湖（太湖、滇池、巢

湖），大气污染重点考察两控区（二氧化硫控制区和酸雨控制区），城市环境污染重点考察一市（北京市），海洋环境污染重点考察一海（渤海）。此外，自 2003 年起，生态建设示范区的创建工作得到深入推进，初步建立了多元化生态示范体系。在此基础上，国家强调要以科学发展观为指导，加快建设资源节约型和环境友好型社会。党的十七大明确提出要建设生态文明，党的十八大进一步指出要将其置于突出地位，"融入经济建设、政治建设、文化建设及社会建设各方面和全过程"，这也标志着中国环境治理开始进入新阶段。

从环境立法和制度建设出发，这一阶段的环境法制体系得到系统化完善，环境执法力度亦得到进一步加强。具体而言，一是通过国家环境保护五年规划为环境规制工作提供方向指引，国务院于 2002 年出台了《全国生态环境保护"十五"计划》，进一步明确了"十五"期间的环境保护目标，即环境污染状况有所减轻，生态环境恶化趋势得到初步遏制，城乡环境质量特别是大中城市和重点地区的环境质量得到改善，健全适应社会主义市场经济体制的环境保护法律、政策和管理体系。二是相继颁布了《中华人民共和国环境影响评价法》《中华人民共和国可再生能源法》《中华人民共和国循环经济促进法》等一系列环境保护法律，并对《中华人民共和国水污染防治法》《中华人民共和国大气污染防治法》《中华人民共和国水法》等单项环境规制法规进行了完善和优化。政策的变迁表明，中国的环境污染治理手段逐渐从注重末端治理转向关注前端污染控制，并着力保障环境规制的全过程的规范性。环保部门通过出台相关规章和标准控制强化企业环境规制的过程管理及政策评价，诸如以《关于加快推行清洁生产的若干意见》与《中华人民共和国清洁生产促进法》为代表的前端污染控制政策逐步推行，以及环境管理体系认证（ISO 14000 认证）、环境信息公开制度等贯穿环境管理全过程的政策得到深入实施。三是环保组织机构的发展，国家环境保护局在1998年升级为正部级单位——国家环境保护总局，并于2008年更名为中华人民共和国环境保护部，进一步加强了环境规制工作的统筹协调。

总体来看，1994~2012年是中国环境规制的优化发展阶段，这一阶段中国环境规制主要着眼于在流域、区域以及重点城市的污染治理，以点源污染治理带动全国环境规制工作的蓬勃进行，环境法制体系不断拓展和完善，并提出了科学发展观、建设"两型"社会、建设生态文明等重要的战略决策，有力地推动了环境治理水平提升和经济发展方式转变。

三、全面改革阶段（2013年至今）：生态优先，制度创新，强化法制环境建设

随着党的十八大将生态文明建设纳入"五位一体"的总体布局，生态文明建设的思想逐渐渗透到环境治理的各个领域。2013年，党的十八届三中全会和四中全会进一步指出要建立系统完整的生态文明制度体系，用最严格的法律制度保护环境。在此基础上，这一阶段主要通过强化环境法制体系建设及制度创新来落实生态文明建设。

一是以生态文明思想为指导，推进环境法制体系生态化。在环境立法方面，2013年以来，国家致力于将生态文明的思想渗透到环境法规和制度建设中来，强化环境法制顶层设计，实施并修订了诸多污染防治和资源利用的政策。国家陆续颁布实施了《大气污染防治行动计划》（简称"大气十条"）、《水污染防治行动计划》（简称"水十条"）、《土壤污染防治行动计划》（简称"土十条"）等专项污染防治法规，

并对《中华人民共和国环境保护法》《中华人民共和国水污染防治法》《中华人民共和国海洋环境保护法》等法律法规进行修订，上述政策的制定和完善为深入推进生态文明建设提供了制度保障，并取得了明显的治污成效。在环境理念方面，党的十九大将"坚持人与自然和谐共生"作为新时代坚持和发展中国特色社会主义的基本方略之一。2018年，生态文明被正式写入宪法，这标志着中国生态文明建设真正走向法制化。党的二十大报告进一步强调"要推进美丽中国建设，坚持山水林田湖草沙一体化保护和系统治理"，坚持生态优先，绿色发展，促进人与自然和谐共生。

二是促进制度创新，构筑全面的环境执法和监督体系。在制度方面，为解决执法刚性不足以及政府干预的问题，2018年以来，《中华人民共和国环境保护税法》《中华人民共和国环境保护税法实施条例》陆续颁布实施，标志着中国实现了排污费到环境保护税的制度变革，终止了排污收费制度框架下的执法乱象。不仅如此，《中华人民共和国民法典》更是将"绿色原则"确立为基本原则，民事诉讼法等法律也对环境保护相关的内容进行了修订和完善。环境保护目标责任制度、环境影响评价制度、垂直管理制度，以及绿色金融等环境经济政策的建设与发展也取得新成效，有效内化了环境成本，推动建立环境保护和资源合理可持续利用的约束和激励机制。在环境执法和监督方面，新《中华人民共和国环保法》突出强调了企业的污染防治责任，并对政府、排污单位环境信息的公开和公众参与环境保护作出规范性要求。党的十九大报告着重指出要健全环保信息强制性披露，意在进一步推动企业落实生态环境保护责任。生态环境部于2019年开始实施《环境影响评价公众参与办法》，进一步规范了公众参与环境治理的程序，保障了公众环境保护的知情权、监督权和参与权，并于2022年施行《企业环境信息依法披露管理办法》，进一步规范了企业环境信息公开的要求，中国环境治理监督体系基本形成。在环保机构建设方面，2018 年，党的十三届全国人大一次会议通过了国务院机构改革方案，其中提出组建生态环境部，将多个部分的生态环境保护职责进行整合，统一实施环境保护执法，与此同时，地方环境监察机构逐步建立，环境信息公开平台陆续设立，地方的环境污染监管能力得到进一步提升。

总体来看，2013 年至今是中国环境规制的全面改革阶段。在这一阶段，环境法制体系得到系统化完善，同时在环境保护执法、监督、追责以及保障公众参与等方面作出了重大制度创新，有利于加强政府、公众、企业之间的互动和协同，推动形成"国家引导、地方监督、企业负责"的环境治理格局。

第二节　环境规制政策工具演进

经过多年的发展，中国经历了与国外相同的"政府干预—经济调控—民众自愿"路径，对环境规制工具及其实施进行了探索，逐步实现了国家生态发展。目前，中国的环境规制工具主要分为命令型环境规制工具、市场型环境规制工具和公众参与型环境规制工具三类。纵观中国环境规制制度演变历程，其环境规制政策工具的演进主要经历了三个阶段：

第一阶段以命令型环境规制工具为核心，环境问题的解决主要依靠政府制定和颁布环境保护的法律、标准、制度等来对企业与个人的污染排放行为进行干预，进而实现环境保护的目标。命令型环境规制工具的本质是一种干预性政策手段，其所参照的相关标准和法规较为明确，并对违反相关规定的排污主体处以严厉的行政处罚。环境治理初期，命令型环境规制工具得到了广泛应用，并取得显著的污染治理效果，但由于信息不对称导致命令型环境规制工具的实施成本较高。这类政策工具主要有：污染排放总量和浓度控制制度、环境影响评价制度、"三同时"制度、排污许可证制度等。

第二阶段市场型环境规制工具开始兴起，这一政策工具主要是以市场机制为主导，具有明显的价格信号。一方面，市场交易实现了污染排放量的重新分配，有利于降低治污成本；另一方面，市场激励能够引导企业进行技术创新，从而能够在一定程度上克服命令型环境规制工具执行成本过高的缺陷。但其局限性在于，这一政策工具政策效果的发挥较大程度上依托于健全的市场机制和交易成本的把控，诸如在非完全竞争市场下，排污权交易及碳排放权交易会产生交易成本，排污征费实施中不合理的费率规划安排可能损害企业研发创新的积极性。这类政策工具主要包括：排污收费制度、排污权交易制度、碳排放权交易制度、对于生态项目及节能产品的补贴等。

第三阶段重点推进公众参与型环境规制工具的运用和发展，促进多元化政策工具协同治理环境。公众参与型环境规制工具可以进一步分为两类：一是信息公开型规制工具，主要依靠政府采取信息型政策手段协调和规范环境规制的全过程，具体方式包括环境信息公开、环境信访等。二是自愿型规制工具，主要表现为政府提出各种规范和计划，或者行业、企业发起倡议，借助舆论引导、劝说、宣传教育等形式引导企业和公众自愿遵守和参与，实施环境保护行为，进而助推环境质量提升，不具有强制性约束性，主要包括环境标志、生态示范区等。公众参与型环境规制工具能够将政府、企业、公众统一纳入环境治理的框架，为环境规制实施过程监督以及实施效果反馈提供了保障。然而，其局限性在于，政策效果的发挥需要以完善的环境信息公开体系为基础，公众参与环境立法的具体程序和路径需要进一步明确。

整体来看，中国环境规制工具在政策理念、种类及作用途径等方面均发生了重大变化。一是环境规制工具的种类和实现途径日益多样化。一方面，在中国现阶段的环境规制实践中，命令型、市场型及公众参与型三类环境规制工具均有应用，其实施手段和渠道不断丰富和发展，实现了从"政府直控"到"党委领导、政府主导、市场推动、企业主体、社会组织和公众共同参与"的环境治理模式的转变，电话投诉、听证会等已成为公众参与环境治理的重要渠道。另一方面，中国环境规制政策工具实现了以单一的命令型政策工具为主导向多元化政策工具综合应用的转变。二是环境规制工具的执行理念由"强制约束"转变为"市场交易"再到"自愿参与"，这一演变过程集中体现了民主的思想，并且更为注重公众环境权益的保障，为推动各利益主体协同治理环境奠定了坚实的基础（见表3-1）。

表 3-1　　　　　　　　　中国主要环境规制工具分类

命令型	市场型	公众参与型	
		自愿型	信息公开型
污染排放总量与浓度控制制度 环境影响评价制度 "三同时"制度 排污许可证制度 污染限期治理制度 污染集中控制制度 环境目标责任制度 排污申报登记制度	排污收费制度 排污权交易制度 碳排放权交易制度 生态项目补贴 环境保护税 押金—返还	环境管理体系认证 （ISO 14000 认证） 环境标志认证制度 生态示范区（省、县、市） 生态工业园区 政府节能采购政策	环境信息公开 环境信访 环境监测

资料来源：作者自行整理。

第四章

环境规制是否影响了技术创新：基于
中国地级市层面的经验证据

第一节 引　言

　　新古典经济学认为，环境保护政策会提高私人生产成本，降低企业竞争力，从而抵消环境保护给社会带来的积极效应，对经济增长产生负面效果，这种关于环境规制在经济领域的负面观点在长期以来曾占据主导地位，对环保政策的制定和发展产生了一定的不利影响。20世纪90年代，"波特假说"的提出为环境规制领域的研究注入了新的活力，捍卫了环保的主张（Porter，1991）。波特认为，国家总会特别限制某个行业遵守环境规制，环境规制在给一些企业带来直接费用的同时，也会激发一些技术创新，这些创新可以部分或者全部抵消规制的费用成本（Porter & Linde，1995），从而对经济发展产生正面影响。这一假说在国内外引起了热烈的讨论，激发了对于环境规制领域进一步的深层次研究，捍卫了环境保护在经济发展中的重要地位。事实上这也意味着，环境规制是否成功地激发了技术创新，是"波特假说"成立的关键条件。

布兰伦德等（Brannlund et al.，1998）、加里（Gary）和沙德布吉安（Shadbuegian，1995）基于瑞典和美国的研究结论均验证了新古典经济学的观点，认为环境规制不利于企业发展。谢斐（Jaffe）与帕尔默（Palmer，1997）基于1975～1991年美国制造业数据的研究结论也并未发现产业技术创新与环境规制之间存在显著的正相关关系。而布鲁纳迈尔（Brunnermeier）与科恩（Cohen，2003）却从产业层面证实了环境规制与技术创新之间存在显著的正相关关系，从而支持了"波特假说"。污染行业的研究似乎更能说明环境规制对经济发展的促进作用。多马兹利基（Domazlicky）与韦伯（Weber，2004）基于1988～1993年美国化工产业的数据研究认为，环境规制并不必然导致产业绩效的下降；相反，可能对产业绩效产生显著的推动作用。伯曼（Berman）与布伊（Bui，2001）对美国洛杉矶地区石油冶炼业生产率的研究表明，环境规制对生产率产生了显著的正向影响。部分学者认为，环境规制对经济的影响存在一定的时滞性，应当在更长的时间内进行动态考察。拉诺伊等（Lanoie et al.，2001）对加拿大魁北克地区17个制造业1985～1994年的数据研究发现，环境规制对产业生产率的即期影响为负，但长期的动态影响为正。郭等（Guo et al.，2017）认为，环境规制有效推动了技术进步，但不能确定是否促进了绿色经济效率的提升。

国内对于"波特假说"的研究相对较晚，主要始于21世纪初。大部分前期研究都肯定了环境规制对技术创新的促进作用。黄德春和刘志彪（2006）较早对"波特假说"进行了理论验证，并通过海尔案例说明中国企业只有积极应对国外技术壁垒才能实现竞争优势。赵红（2007，2008a，2008b）对中国行业和企业层面的系列研究均显示，环境规制在中长期对技术创新有显著的促进作用。也有学者对"波特假说"提出了疑问，认为环境规制对我国技术创新没有产生显著的促进作用，需要借助人力资本这一中介因素才能发挥作用（江珂和卢现祥，2011）。不少学者认为，环境规制与技术创新之间存在非线性关系，李平和慕绣如（2013），余东华和胡亚男（2016）对环境规制门槛效应的研究也印证了这一关系。沈能（2012），曹霞和于娟（2015）均发现，环境规制强度和技术创新之间符合倒"U"形关系，当环境规制产生的"补偿效应"超过"抵消效应"时，环境保护就会显著促进企业创新的提升（蒋伏心等，2013）。随着研究的深入，不少学者发现，"波特假说"的成立可能存在一定的差异性。围绕地区差异的研究发现，环境规制对技术创新影响的差异性主要受到地区环境规制强度和经济发展水平的影响（沈能和刘凤朝，2012；童伟伟和张建民，2012）。部分学者对环境规制类别进行了进一步区分，发现不同类别的环境规制对企业创新的影响也存在差异（马富萍等，2011；许士春等，2012；张平等，2016）。

本章的主要贡献在于：第一，使用了 2003～2016 年共计 14 年的数据，扩展了"波特假说"验证的时间范围，能够有效观察环境规制对技术创新的动态影响；第二，拓展了现有研究的区域范围，使用更为细分的地级市层面区域数据，能够更为细致研究环境规制对技术创新影响的地域差异；第三，首次从城市类别出发，区分了省会城市和非省会城市，考察了环境规制政策对异质性城市的影响差异，增强了政策启示的针对性。

本章剩余部分的结构安排如下：第二节是理论分析与研究假设，第三节针对研究设计和样本数据选择进行解释，第四节展示实证过程及分析，第五节是研究结论与政策启示。

第二节　环境规制与技术创新：理论分析与研究假说

环境规制与技术创新两者之间的关系之所以一直受到关注，是因为是否产生了有效的创新是决定环境规制究竟能否提升企业竞争力、促进经济增长的关键环节，也是理性人假设下是否持续推进环境政策的重要依据。创新地理学领域的大量研究表明，由于中间投入品共享、劳动力匹配和知识溢出等核心微观作用机制的存在，创新能够显示出更为明显的空间集聚特性。加之环境规制政策的实施必然也是作用于特定的区域范围，这就使得区域层面的环境规制与技术创新的研究具有更为重要的政策意义。

从企业角度来看，环境政策的出台必然会提高企业的污染治理成本，从而使得企业生产成本增加，导致企业利润率的下降，技术创新的资本来源减少，对企业创新和企业竞争力产生明显的不利影响。另外，由于环保压力增加，必然倒逼企业进行技术革新，通过采用绿色技术或提高技术创新效率的方式降低企业成本，以抵消环境规制带来的成本增加。同时，从宏观层面来看，国家在推行环保政策的同时必然会在财政和产业上推出有利于企业创新的政策支持（蒋伏心等，2013），从而加速企业创新进程，加快企业调整环境规制带来的成本—收益变动，有效保障环保政策效果。从宏观角度来看，区域中的大型企业具有进行技术创新的实力和资本，也能够更多地获得政府政策支持，从而迅速消化环境规制所带来的成本提升，通过加速技术创新的方式带动企业竞争力增加。而中小型企业在面对环境规制时，可能由于资本、人才等各种限制导致无法迅速适应环境规制带来的成本提升，从而导致企业转向环境规制水平较低的区域，甚至最终退出市场。因此从区域角度来说，环境规制在推进企业技术创新的同时，能够通过改善企业规模分布不均匀的状态，促进生态环境与经济环境的良性循环（孙学敏和王杰，2014）。基于此，提出研究假说1。

假说1：整体来看，环境规制对技术创新产生了显著的促进作用。

从技术创新的具体类别来看，分为发明专利、实用新型专利和外观设计专利三类，其保护期限、保护内容、平均审查周期和授权要求等都存在一定差异。从环境规制引致的技术创新来看，只有能够带来创新效率实质性提升的技术变化才能有效抵消环保成本的增加，由于外观设计专利主要围绕产品的外部形状、图案、色彩等变化，对企业生产成本的影响有限，因此从理论角度探讨的技术创新更多的是指发明专利和实用新型专利。从保护内容和授权要求来看，发明专利和实用新型专利没有本质区别，但发明专利所涵盖的范围更大，平均审查周期更长，专利保护期限更长。这就意味着，对同一类可以同时申请发明专利和实用新型专利的技术来说，如果属于更新速度快、需要迅速抢占的，申请实用新型专利更好，而对于能够长期持有、更为重要的技术，则申请保护期更长的发明专利更为适宜。实用新型专利的平均审查周期为6~8个月，当环保政策出台后，由环境规制引致的技术创新应该能够通过实用新型数量迅速观测到，而重要的实质性创新则会在发明专利的平均审查周期2~3年后才会从数量上逐步显现出来，表现出环境规制对技术创新的长期影响。基于此，提出研究假说2、假说2a和假说2b。

假说2：环境规制对不同类别技术创新的影响存在差异性。

假说2a：环境规制在长期能够显著促进地区发明专利数量增加。

假说2b：环境规制对地区实用新型数量有明显的促进作用。

在地级市层面，省会城市的角色是较为特殊的，行政等级对城市发展存在不可忽略的作用（史宇鹏和周黎安，2007）。现有研究大多认为，城市行政级别越高，所享受的财政、金融等政策优惠就越多，从而导致省会城市经济发展的"马太效应"。但与权利相对的是责任，对于环境规制这一类短期内可能对地区经济产生负面影响但长期有利于可持续发展的政策，省会城市也必须身先士卒，严格贯彻执行相关环保政策，从而对省会城市中的企业产生更为快速和直接的影响。这一方面会使得省会城市中的企业在严格的环保政策下付出更多的污染治理成本，加重企业负担，另一方面也会使企业更为迅速地通过技术创新进行应对，同时借助省会城市的行政能级获得更多的环保补贴和创新政策支持，从而加快抵消增加的环境成本。从城市角度来看，严格的环保政策会迫使更多的中小型、污染型企业加速转移至环境规制水平较低的非省会城市，配合省会城市经济发展阶段性需求进行"腾笼换鸟"，吸引更多符合城市发展方向的高技术产业、清洁型产业等进入，从而进一步加快区域技术创新步伐，增强区域创新水平。基于此，提出研究假设3。

假说3：相较于非省会城市，环境规制对省会城市技术创新的促进作用更大。

第三节　样本选择与研究设计

一、样本选择

本章所采用的样本数据主要有以下两个来源：一是 2003～2016 年

中国城市数据，数据来源为历年《中国城市统计年鉴》，这一数据提供了中国地级市层面的主要经济和环境等特征数据，本章以这一数据为基础，来对环境规制以及其他控制变量进行测算；二是中国城市专利数据，数据来源为中国研究数据服务平台（CNDRS），这一数据提供了中国地级市层面发明专利、实用新型专利、外观设计专利以及专利总量数据，本章以这一数据为基础，来对地级市层面技术创新进行衡量。

二、研究设计

为有效考察中国地级市层面的环境规制如何对技术创新构成影响，同时，考虑到环境规制对技术创新的影响可能具有的滞后效应，本章采用现有研究中普遍认可和使用的方法，在计量模型中使用环境规制的滞后1期进行回归，具体计量模型设定方法如下：

$$innovation_{jit} = \alpha + \beta_1 ERS_{jit-1} + \gamma X_{jit} + \lambda_j + \lambda_t + \mu_{jit} \qquad (4.1)$$

其中，下标 j、i、t 分别表示省份、城市和时间。$innovation$ 表示技术创新，ERS 表示环境规制。X 表示一系列其他控制变量的集合，λ_j、λ_t 分别表示省份层面固定特征以及时间固定特征，μ 为随机扰动项。

（一）被解释变量

本章被解释变量是技术创新（$innovation$），技术创新的衡量过程中，采用现有研究中普遍认可的方法，使用本地专利申请数量总数加1之后的对数对其进行衡量，同时，为了考虑环境规制对不同类型专利数量影响的差异性，本章将在后续回归中，进一步考虑发明专利、实用新型专利、外观设计专利等专利类型的不同。

（二）主要解释变量

环境规制（*ERS*）的测算过程中，考虑到相关数据的可获得性，本章采用与沈坤荣等（2017）、徐保昌等（2020）相一致的环境规制测算方法，以二氧化硫以及烟粉尘的去除率作为基础指标来测算环境规制。环境规制的测算步骤如下：

第一，对二氧化硫去除率以及烟粉尘去除率进行标准化处理：

$$PE_{ij}^s = \left[PE_{ij} - \min(PE_{ij}) \right] / \left[\max(PE_{ij}) - \min(PE_{ij}) \right] \quad (4.2)$$

其中，PE_{ij} 为污染物 j 去除率数值，$\max(PE_{ij})$ 代表城市 i 污染物去除率的最大年份数值，$\min(PE_{ij})$ 代表城市 i 污染物去除率的最小年份数值。

第二，分别计算二氧化硫以及烟粉尘的调整系数 W_{ij}，用于差异化反映各城市的污染物排放系数。具体，W_{ij} 的测算公式如下所示：

$$W_{ij} = \frac{\dfrac{P_{ij}}{\sum_i P_{ij}}}{\dfrac{GDP_i}{\sum_i GDP_i}} \quad (4.3)$$

其中，W_{ij} 为该城市所排放的污染物 j 在全国的占比与其生产总值在全国占比的比值。

第三，综合使用该城市二氧化硫和烟粉尘两种污染物的上述测算指标，取其均值得到该城市的具体环境规制指标，即：

$$ERS_i = \sum_{j=1}^2 \frac{W_{ij} PE_{ij}^s}{2} \quad (4.4)$$

（三）控制变量

信息化水平（*informationize*）：信息化水平可以影响地方实施创新

的能力以及实施创新的便利程度，为有效控制这一因素对回归结果的影响，本章采用互联网宽带接入用户数量的对数值来对其进行衡量。

产业机构（*industry*）：产业机构可以影响地方总体实施技术创新的实施意向，为有效控制这一因素对地方技术创新的影响，本章采用现有研究中普遍采用的做法，使用第二产业产值占 GDP 的比重对其进行衡量。

劳动力密集度（*people*）：劳动力密集度影响着地方创新所需要的人才等基本要素，为有效控制这一因素对地方技术创新的影响，本章采用单位平方千米人口数量的对数来对其进行衡量。

资本要素投入密度（*capital*）：资本要素密集度同样影响着地方技术创新的资本支撑，其对地方技术创新的影响同样不容忽视，为有效控制这一因素对地方技术创新所带来的影响，本章采用现有研究中普遍认可的指标设定方面，采用固定资产投资总额占 GDP 的比重对其进行衡量。

经济发展水平（*economy*）：经济发展水平决定着地方实施技术创新的经济基础，为有效控制这一因素对地方技术创新的影响，本章采用地方人均 GDP 的对数值来对其进行衡量。

外资利用水平（*FDI*）：外资是技术创新的重要来源之一，外资利用水平可以很好地反映地方利用外部资本进行技术创新的能力，为控制这一因素对技术创新的影响，本章采用外商直接投资占 GDP 的比重对其进行衡量。

三、描述性统计值

各变量测算完成后，为控制异常值对回归结果可能造成的影响，本章采用与邵志浩和才国伟（2020）等在基础数据处理中相类似的做法，对主要变量分别进行截尾和缩尾处理。具体来说，本章对技术创新以及环境规制前后5%的数值进行了截尾处理，其余控制变量前后5%的数值视情况进行了缩尾处理。表4-1具体报告了主要变量的描述性统计值。由表4-1可以发现，主要被解释变量技术创新的均值为5.347，其最小值为2.485，最大值为8.909，最大值是最小值3倍之多，不同城市之间技术创新数值存在较大的差距。而另一个关键指标环境规制的均值为1.011，最小值为0.047，最大值为4.183，最大值约是最小值的89倍，这表明中国不同城市之间环境规制强度存在极大的差异。这部分说明，中国各城市之间的环境规制强度有待进一步统一调整和提升。

表4-1 主要变量描述性统计值

变量	样本数	均值	标准差	最小值	最大值
innovation	3570	5.347	1.779	2.485	8.909
ERS	3620	1.011	1.102	0.047	4.183
informationize	3547	2.733	2.193	0.003	7.336
industry	3565	48.980	10.990	9.000	90.970
pople	3313	5.743	0.910	1.548	7.887
capital	3563	0.610	0.314	0.000	2.197
economy	3563	10.100	0.825	4.595	13.060
FDI	3397	0.003	0.004	0.000	0.045

第四节　环境规制对技术创新影响的实证结果

一、基准回归结果

基准回归的模型选择过程中，由于固定效应模型考虑了不可观测的个体效应（邵志浩、才国伟，2020），可以更好地控制其对地级市层面技术创新的影响，同时，通过豪斯曼（Hausman）检验结果均支持采用固定效应方法进行回归，因而，后续回归过程中，本章均采用固定效应模型进行回归。同时，考虑异方差问题可能对回归结果造成的影响，本章均采用聚类到城市层面的标准误进行回归。表4－2报告了本章基准回归结果，由表4－2中回归结果可以发现，模型（1）~模型（7）中环境规制的回归系数均在1%统计水平上显著为正，这一结果表明，整体层面，环境规制对技术创新产生了显著的促进作用，这与本章研究假说1是一致的。究其原因，环境规制发挥了倒逼企业进行技术创新的积极作用，进而有效推动了企业技术创新。

其余控制变量方面，信息化水平的回归系数均显著为正，究其原因，信息化水平的改善提升了地方实施技术创新的能力和便利程度。产业结构的回归系数显著为负，可能的原因在于城市层面上第二产业往往较为强大，且存在惰性，过高的占比往往限制了其实施技术创新的意愿；劳动力密集度的回归系数显著为正，原因在于劳动力密集度为地方技术创新提供了其所需要的人才等基本要素，有效地提升企业实施技术创新的效率；资本要素投入密度的回归系数为负，可能的原因在于资本要素密集度过高将导致企业更倾向于收购而不是实施自主创新，因而抑制了地方技术创新；经济发展水平的回归系数显著为正，这是因为经济发展水平的提高，提升了地方企业实现技术自主掌握的倾向，进而有效推动了地方技术创新；外资利用水平的回归结果并不显著，可能的原因还在于外资进入本地市场时往往已经具有较高的技术水平，这些企业不需要更多的技术创新就可以占据较高的市场份额，这导致外资利用水平提高未能有效推动本地技术创新。

表 4 - 2　　　　　　　　　　　　　基准回归结果

变量	(1)	(2)	(3)	(4)	(5)	(6)	(7)
L. ERS	0. 008 *** (3. 21)	0. 028 *** (2. 84)	0. 038 *** (3. 13)	0. 031 *** (2. 99)	0. 042 *** (3. 33)	0. 013 *** (3. 43)	0. 014 *** (3. 41)
informationize		0. 7782 *** (18. 77)	0. 7855 *** (19. 04)	0. 8118 *** (20. 42)	0. 8229 *** (20. 84)	0. 6803 *** (16. 00)	0. 6531 *** (14. 29)
industry			− 0. 0082 ** (− 2. 29)	− 0. 0089 *** (− 2. 74)	− 0. 0091 *** (− 2. 81)	− 0. 0135 *** (− 3. 39)	− 0. 0119 *** (− 2. 74)
pople				0. 5254 *** (8. 63)	0. 4838 *** (7. 92)	0. 4828 *** (8. 31)	0. 4837 *** (7. 66)
capital					− 0. 6736 *** (− 3. 84)	− 0. 4115 ** (− 2. 38)	− 0. 5307 *** (− 2. 78)
economy						0. 6923 *** (8. 95)	0. 6991 *** (7. 70)
FDI							17. 4592 (1. 22)
常数项	8. 6184 *** (8. 68)	5. 5876 *** (9. 94)	5. 3515 *** (9. 56)	1. 6630 *** (2. 76)	2. 0048 *** (3. 32)	− 4. 0632 *** (− 4. 58)	− 4. 1257 *** (− 4. 13)
省份固定效应	控制	控制	控制	控制	控制	控制	控制
时间固定效应	控制	控制	控制	控制	控制	控制	控制
样本数	3061	3043	3040	2791	2787	2784	2658

注：***、**、*分别为1%、5%、10%统计水平上显著；括号内为 t (Z) 值。

为确保环境规制指标测算的可靠性，本章采用与朱平芳等（2011）相一致的方法来环境规制进行重新测算，并在回归分析过程中，使用新的环境规制指标（ER）进行回归。表4-3报告了替换环境规制指标的回归结果。由表4-3中回归结果可以发现，表4-3模型（1）~模型（7）中环境规制的回归系数均显著为正，环境规制对技术创新产生了显著的促进作用，这一回归结果与表4-2中回归结果是一致的。这表明，在替换环境规制测算方法的情形下，本章研究假说1依然成立，研究假说1的可靠性得到进一步验证。同时，这也进一步证明本章环境规制指标的测算是合理的。

表4-3　　　　　　　　　　替换环境规制指标回归结果

变量	(1)	(2)	(3)	(4)	(5)	(6)	(7)
L. ER	0.0274 ** (2.37)	0.0658 *** (3.40)	0.0850 *** (3.79)	0.0890 *** (3.98)	0.0983 *** (4.19)	0.0661 *** (3.53)	0.0624 *** (3.27)
informationize		0.7780 *** (18.79)	0.7770 *** (18.77)	0.7977 *** (19.94)	0.8096 *** (20.38)	0.6730 *** (15.80)	0.6300 *** (13.57)
industry			-0.0086 ** (-2.38)	-0.0096 *** (-2.89)	-0.0098 *** (-2.97)	-0.0127 *** (-3.16)	-0.0114 ** (-2.57)
pople				0.5280 *** (8.59)	0.4864 *** (7.89)	0.4816 *** (8.27)	0.4888 *** (7.56)
capital					-0.6791 *** (-3.87)	-0.4266 ** (-2.47)	-0.5379 *** (-2.80)
economy						0.6878 *** (8.91)	0.7024 *** (7.61)
FDI							17.6459 (1.22)
常数项	8.6593 *** (8.79)	5.6612 *** (10.37)	5.4475 *** (9.95)	1.7786 *** (2.99)	2.0990 *** (3.53)	-3.8934 *** (-4.46)	-4.0162 *** (-4.00)

续表

变量	(1)	(2)	(3)	(4)	(5)	(6)	(7)
省份固定效应	控制	控制	控制	控制	控制	控制	控制
时间固定效应	控制	控制	控制	控制	控制	控制	控制
样本数	3064	3046	3043	2792	2788	2785	2659

注：***、**、* 分别为1%、5%、10%统计水平上显著；括号内为 t（Z）值。

　　一般而言，环境规制可以影响技术创新，反过来，技术创新同样可能影响地方环境规制的制定和实施，为尽可能控制环境规制与技术创新之间可能存在的互为因果问题对回归结果造成的影响。本章接下来将采用工具变量法进行回归以控制由互为因果导致的内生性问题。工具变量的选择过程中，本章采用与徐保昌等（2020）相一致的方法，使用城市建成区的绿化覆盖率作为环境规制的工具变量，这一指标与环境规制相关，但又不直接影响地方技术创新可以较好地满足一个有效工具变量的基本要求。各回归模型均拒绝了工具变量存在识别不足和弱识别的假设，这表明本章工具变量的可靠的。表4-4详细报告了工具变量法的回归结果。由表4-4中回归结果可以发现，表4-4模型（1）~模型（7）中环境规制的回归系数均显著为正，环境规制对技术创新产生了显著的促进作用，这一回归结果与表4-2和表4-3中回归结果是一致的。这表明，在控制环境规制与技术创新之间可能存在的互为因果问题的情形下，本章研究假说1依然成立，研究假说1的可靠性得到再次验证。

表 4 - 4 工具变量回归结果

变量	(1)	(2)	(3)	(4)	(5)	(6)	(7)
$L. ERS$	13.1426 *** (3.65)	10.6947 *** (3.35)	6.3431 *** (3.59)	3.9552 *** (3.78)	4.4546 *** (3.67)	1.7402 *** (3.77)	1.7685 *** (3.77)
$informationize$		3.3527 (0.51)	2.4263 (1.01)	1.7403 (1.59)	1.8343 (1.30)	0.9105 *** (2.75)	0.9089 *** (2.85)
$industry$			-0.0839 (-0.56)	-0.0557 (-0.74)	-0.0634 (-0.64)	-0.0675 (-1.25)	-0.0581 (-1.30)
$pople$				0.8537 * (1.77)	0.9709 (1.26)	0.6832 ** (2.45)	0.5857 *** (3.12)
$capital$					1.1006 (0.45)	0.6286 (0.59)	0.1368 (0.23)
$economy$						1.3799 ** (2.21)	1.3174 ** (2.23)
FDI							73.4597 (1.05)
常数项	-5.4659 (-0.30)	-4.8750 (-0.33)	-0.9296 (-0.34)	-4.5010 (-1.32)	-5.8467 (-0.90)	-16.7080 ** (-2.04)	-15.6283 ** (-2.13)
省份固定效应	控制	控制	控制	控制	控制	控制	控制
时间固定效应	控制	控制	控制	控制	控制	控制	控制
样本数	3045	3027	3024	2785	2781	2778	2653

注：*** 、** 、* 分别为1%、5%、10%统计水平上显著；括号内为 t（Z）值。

二、技术创新类别的差异

技术创新种类不同，环境规制对其影响也可能存在差异，考虑到样本数据的现实情况，本章将专利划分为发明专利、实用新型专利和外观设计专利，分别对三种专利数量进行回归，进而确定技术创新种类不同的情形下，环境规制对技术创新的影响是否有所不同。表 4 - 5、表 4 - 6 和

表4-7分别报告了以发明专利、实用新型专利以及外观设计专利为被解释变量的回归结果。

表4-5　　　　　　　　　　　发明专利回归结果

变量	(1)	(2)	(3)	(4)	(5)	(6)	(7)
L. ERS	0.0265 (0.60)	0.0429 (1.09)	0.0467 (1.18)	0.0294 (0.78)	0.0374 (0.98)	0.0020 (1.06)	0.0082 (1.21)
informationize		0.8233*** (16.94)	0.8220*** (16.87)	0.8366*** (17.49)	0.8344*** (17.38)	0.6585*** (12.96)	0.6650*** (12.45)
industry			0.0033 (0.77)	0.0032 (0.81)	0.0033 (0.83)	-0.0268*** (-5.61)	-0.0245*** (-4.88)
pople				0.5155*** (7.02)	0.4884*** (6.53)	0.4824*** (6.94)	0.4625*** (6.41)
capital					-0.5145** (-2.43)	-0.1508 (-0.73)	-0.2629 (-1.17)
economy						0.9180*** (9.92)	0.8830*** (8.44)
FDI							21.8316 (1.30)
常数项	6.4615*** (6.08)	3.2719*** (5.04)	3.1934*** (4.87)	-0.3763 (-0.52)	-0.1042 (-0.14)	-8.1772*** (-7.71)	-7.8324*** (-6.82)
省份固定效应	控制	控制	控制	控制	控制	控制	控制
时间固定效应	控制	控制	控制	控制	控制	控制	控制
样本数	3061	3043	3040	2791	2787	2784	2658

注：***、**、*分别为1%、5%、10%统计水平上显著；括号内为 t（Z）值。

由表4-5中回归结果可以发现，模型（1）~模型（7）中环境规制的回归系数均不显著，这一结果表明，滞后1期的环境规制未能显著提升本地的发明专利数量提高，究其原因，一般而言，相较于其他专利的申请，发明专利的审查较为严格且审查周期更长，其平均审查周期约为 2～3 年，这使得环境规制倒逼的技术创新需要更长的时间才能得以显现，因而，滞后 1 期的环境规制未能促进本地发明专利数量提升。

由表 4－6 中回归结果可以发现，模型（1）～模型（7）中环境规制的回归系数均在 1% 统计水平上显著，这一结果表明，环境规制促进了本地的实用新型专利数量提高，本章研究假说 2b 的可靠性得到验证。

由表 4－7 中回归结果可以发现，模型（1）～模型（7）中环境规制的回归系数均在 5% 及以上统计水平上显著，这一结果表明，环境规制促进了本地的外观设计专利数量的提高。梳理和归纳表 4－5、表 4－6 和表 4－7 中回归结果可以发现，环境规制未能促进发明专利数量的提升，却有效促进了实用新型专利以及外观设计专利数量的提升，即环境规制对不同类别技术创新的影响存在差异性，本章研究假说 2 得到验证。

表 4－6 实用新型专利回归结果

变量	（1）	（2）	（3）	（4）	（5）	（6）	（7）
$L. ERS$	0.0118 *** (3.33)	0.0190 *** (3.60)	0.0285 *** (3.91)	0.0177 *** (3.59)	0.0269 *** (3.90)	0.0072 ** (3.25)	0.0039 *** (3.13)
informationize		0.7606 *** (19.47)	0.7756 *** (20.05)	0.8075 *** (21.41)	0.8167 *** (21.77)	0.6560 *** (16.41)	0.6590 *** (15.64)
industry			0.0082 ** (2.44)	0.0090 *** (2.90)	0.0090 *** (2.94)	－0.0168 *** (－4.48)	－0.0156 *** (－3.93)
pople				0.4334 *** (7.49)	0.3942 *** (6.78)	0.3911 *** (7.16)	0.3779 *** (6.60)
capital					－0.6580 *** (－3.96)	－0.3591 ** (－2.21)	－0.4397 ** (－2.49)
economy						0.7921 *** (10.89)	0.7984 *** (9.65)
FDI							8.1047 (0.61)

续表

变量	(1)	(2)	(3)	(4)	(5)	(6)	(7)
常数项	8.0997 *** (8.42)	5.1039 *** (9.64)	4.8380 *** (9.26)	1.7444 *** (3.04)	2.0799 *** (3.62)	− 4.8645 *** (− 5.83)	− 4.9019 *** (− 5.39)
省份固定效应	控制	控制	控制	控制	控制	控制	控制
时间固定效应	控制	控制	控制	控制	控制	控制	控制
样本数	3061	3043	3040	2791	2787	2784	2658

注：*** 、** 、* 分别为1% 、5% 、10% 统计水平上显著；括号内为 t （Z）值。

表4 –7   外观设计专利回归结果

变量	(1)	(2)	(3)	(4)	(5)	(6)	(7)
L. ERS	0.0172 ** (2.41)	0.0591 ** (2.54)	0.0578 ** (2.49)	0.0616 *** (3.63)	0.0705 *** (3.87)	0.0493 *** (3.30)	0.0311 *** (3.76)
informationize		0.7067 *** (14.67)	0.6946 *** (14.25)	0.6831 *** (14.13)	0.6916 *** (14.33)	0.5843 *** (11.10)	0.5655 *** (10.14)
industry			0.0007 (0.16)	0.0008 (0.20)	0.0014 (0.34)	− 0.0151 *** (− 2.94)	− 0.0113 ** (− 2.08)
pople				0.6385 *** (8.24)	0.6103 *** (7.82)	0.6066 *** (7.85)	0.5871 *** (7.18)
capital					− 0.4413 ** (− 2.12)	− 0.2576 (− 1.23)	− 0.5317 ** (− 2.32)
economy						0.5165 *** (5.11)	0.5123 *** (4.46)
FDI							42.8736 ** (2.46)
常数项	7.0442 *** (6.88)	4.4052 *** (6.58)	4.4344 *** (6.46)	0.1406 (0.18)	0.3505 (0.45)	− 4.1544 *** (− 3.55)	− 4.1613 *** (− 3.25)
省份固定效应	控制	控制	控制	控制	控制	控制	控制
时间固定效应	控制	控制	控制	控制	控制	控制	控制
样本数	3061	3043	3040	2791	2787	2784	2658

注：*** 、** 、* 分别为1% 、5% 、10% 统计水平上显著；括号内为 t （Z）值。

考虑到不同类型专利的审查周期存在较大差异，为更为清晰地解析环境规制对发明专利的实际影响，本章进一步考察了环境规制对发明专利的长期影响。考虑到发明专利的平均审查周期 2～3 年，本章采用环境规制得到滞后 2 期进行回归。表 4－8 报告了发明专利长期影响的回归结果。由表 4－8 可以发现，长期情形下环境规制显著促进了发明专利的提升，这一结果表明，环境规制在长期能够显著促进地区发明专利数量增加，本章研究假说 2a 得到充分验证。

表 4－8　　　　　　　　发明专利回归结果（长期影响）

变量	(1)	(2)	(3)	(4)	(5)	(6)	(7)
L2. ERS	0.0567 *** (3.22)	0.0591 *** (3.44)	0.0633 *** (3.53)	0.0532 *** (3.30)	0.0574 *** (3.40)	0.0253 *** (2.74)	0.0339 *** (2.80)
informationize		0.7783 *** (14.49)	0.7762 *** (14.41)	0.7348 *** (13.34)	0.7335 *** (13.28)	0.5516 *** (9.42)	0.5772 *** (9.53)
industry			0.0042 (0.91)	0.0040 (0.89)	0.0038 (0.84)	− 0.0267 *** (− 4.88)	− 0.0242 *** (− 4.32)
pople				0.5398 *** (6.41)	0.5149 *** (6.03)	0.5124 *** (6.34)	0.4907 *** (6.03)
capital					− 0.5431 ** (− 2.34)	− 0.1817 (− 0.80)	− 0.2273 (− 0.94)
economy						0.9554 *** (8.99)	0.9077 *** (7.77)
FDI							23.2704 (1.25)
常数项	6.4670 *** (6.02)	3.2397 *** (4.72)	3.1477 *** (4.54)	− 0.2545 (− 0.32)	0.0274 (0.03)	− 8.5061 *** (− 7.00)	− 8.1662 *** (− 6.38)
省份固定效应	控制	控制	控制	控制	控制	控制	控制
时间固定效应	控制	控制	控制	控制	控制	控制	控制
样本数	2812	2798	2795	2546	2543	2541	2428

注：*** 、** 、* 分别为1%、5%、10%统计水平上显著；括号内为 t（Z）值。

三、省会城市的差异

为考察省会城市的地位是否影响了环境规制对技术创新的影响，本章根据该城市是否为省会城市，将研究样本划分为省会城市样本和非省会城市样本，进而采用分样本回归的方式进一步检验在省会城市样本和非省会城市样本中环境规制对技术创新影响的差异性。表 4 - 9 和表 4 - 10 分别报告了省会城市回归结果和非省会城市回归结果。由表 4 - 9 中模型（1）~模型（7）以及表 4 - 10 中模型（1）~模型（7）环境规制的回归系数可以发现，同一模型中省会城市样本的回归系数均显著大于非省会城市的回归系数，这一结果表明，相较于非省会城市样本，环境规制对省会城市技术创新的促进作用更大，本章研究假说 3 得到充分验证。究其原因，城市行政级别越高，其所享受的财政、金融等政策优惠就越多，并且，相较于非省会城市，省会城市的行政能级获得更多的环保补贴和创新政策支持，这些均更为有助于符合城市发展方向的高技术产业、清洁型产业等进入省会城市，从而进一步加快区域技术创新步伐，提升了区域创新水平。

表 4 - 9　　　　　　　　　　　省会城市回归结果

变量	(1)	(2)	(3)	(4)	(5)	(6)	(7)
L. ERS	0.1667*** (3.14)	0.1567*** (3.03)	0.1576*** (3.02)	0.2406*** (3.46)	0.2412*** (3.46)	0.3013*** (3.73)	0.3334*** (3.87)
informationize		-0.0340 (-0.16)	-0.0332 (-0.16)	-0.0318 (-0.14)	-0.0327 (-0.15)	-0.0566 (-0.25)	-0.0164 (-0.07)
industry			0.0036 (0.17)	0.0074 (0.32)	0.0072 (0.31)	-0.0098 (-0.35)	-0.0053 (-0.19)

续表

变量	(1)	(2)	(3)	(4)	(5)	(6)	(7)
pople				-0.9662 (-0.86)	-0.9669 (-0.86)	-1.0582 (-0.94)	-1.1038 (-0.98)
capital					0.0234 (0.03)	-0.1846 (-0.24)	-0.1706 (-0.23)
economy						0.7391 (1.12)	0.6356 (0.96)
FDI							32.2393 (0.74)
常数项	8.4727*** (21.69)	8.6717*** (8.10)	8.5569*** (7.27)	14.7261** (1.98)	14.7325** (1.98)	8.2554 (0.88)	9.1790 (0.97)
省份固定效应	控制	控制	控制	控制	控制	控制	控制
时间固定效应	控制	控制	控制	控制	控制	控制	控制
样本数	354	353	352	324	324	324	322

注：***、**、*分别为1%、5%、10%统计水平上显著；括号内为t（Z）值。

表4-10　　　　　　　　　非省会城市回归结果

变量	(1)	(2)	(3)	(4)	(5)	(6)	(7)
L. ERS	0.0313*** (2.83)	0.0116*** (3.34)	0.007*** (3.20)	0.0117*** (3.36)	0.0222*** (3.70)	0.0112*** (3.35)	0.0124*** (3.36)
informationize		0.5847*** (11.33)	0.5745*** (11.17)	0.6770*** (13.89)	0.6790*** (14.12)	0.6275*** (12.74)	0.6231*** (11.95)
industry			0.0164*** (4.41)	0.0150*** (4.44)	0.0150*** (4.50)	-0.0006 (-0.12)	0.0013 (0.26)
pople				0.3470*** (5.52)	0.2930*** (4.69)	0.3368*** (5.38)	0.3330*** (5.00)

续表

变量	(1)	(2)	(3)	(4)	(5)	(6)	(7)
capital					- 0.8391 *** (- 4.60)	- 0.6379 *** (- 3.42)	- 0.7408 *** (- 3.60)
economy						0.4198 *** (4.66)	0.4329 *** (4.19)
FDI							12.1348 (0.78)
常数项	3.2765 *** (4.09)	2.7900 *** (5.27)	2.4192 *** (4.40)	1.0408 (1.61)	1.5210 ** (2.33)	- 2.8824 *** (- 2.79)	- 0.1257 ** (- 2.38)
省份固定效应	控制	控制	控制	控制	控制	控制	控制
时间固定效应	控制	控制	控制	控制	控制	控制	控制
样本数	2707	2690	2688	2467	2463	2460	2336

注：*** 、 ** 、 * 分别为1% 、5% 、10%统计水平上显著；括号内为 t （Z）值。

第五节　研究结论与政策启示

为系统检验地级市层面样本中，环境政策的执行能否与地方技术创新的推进融合发展。本章使用2003～2016年中国地级市层面数据以及中国城市专利数据研究样本，采用可靠方法，实证检验了环境规制对技术创新的影响。研究结果表明，整体来看，环境规制对技术创新产生了显著的促进作用，在替换环境规制衡量方法以及有效控制可能存在内生性问题的情形下这一研究结果依然保持稳定。进一步研究表明，环境规制对不同类别技术创新的影响存在显著差异性，其中，环境规制对地区实用新型数量有显著的促进作用，并且环境规制在长期能够显著促进地区发明专利数量增加。区分城市行政级别的分样本研究表明，相较于非省会城市，环境规制对省会城市技术创新的促进作用更大。

本章的研究结论具有较强的政策意义，为了有效转变经济发展方式，实现环境保护和经济发展的"双赢"，需要有侧重的制定对技术创新具有较强促进作用的环保政策。

第一，制定适宜的差异性环保政策。目前中国正处于转变发展方式、优化经济结构、转换增长动力的攻关期，同时也开启了向第二个百年奋斗目标进军的新征程。从环境规制对经济增长的影响来看，适宜强度和形式的环保政策，更有利于国家经济的发展。因此，政府需要结合地区经济发展水平、环境污染水平和环保目标等的现实特点，采取差异化的政策，通过灵活使用排污费、排污权交易等环境规制方式来有效提高企业治污能力，刺激企业技术创新，带动整体生产效率的提升。同时，地方政府尤其是省会城市政府在制定政策时需要有效避免环境规制过程中污染的地区转移，避免出现"污染天堂"，避免相对落后地区走"先污染后治理"的老路。

第二，强化对企业技术创新的财政支持。由于环境规制会"挤出"技术创新的资金来源，对企业技术创新的积极性造成一定打击，应当通过有针对性的资金和政策支持激发企业的创新热情。对有发展潜力、有意愿进行转型升级的企业，在研发补贴、项目奖励上给予更多的倾斜，加快环境规制对企业技术创新的"补偿"，帮助企业加速发展。同时加快环保相关制度的建立健全，加速建立完善的企业创新生态，引导更多的风投参与企业技术的绿色化改造，将环保规制与企业技术创新、竞争力提升有效结合起来，相互促进、共同发展。

第三，加速提升自主创新能力。在百年未有之大变局持续演进的背景下，我国以国内大循环为主体、国内国际双循环相互促进的新发展格局逐步形成，自主创新能力的提升和"卡脖子"技术的突破成为我国未来技术创新的主线。政府应借此机遇，加快环保政策的推进和实施，鼓励企业更多的进行自主创新，对新增实用新型、发明专利等自主创新成果较多的企业进行政策倾斜，加快建立自主可控的现代产业体系。

第五章

环境规制与城市绿色发展：
助力抑或阻力？

第一节 引　言

　　长期以来，围绕城市层面环境规制政策及其经济效应的话题，一直是学术界讨论的热点问题之一。传统的"波特假说"认为，环境规制在造成企业成本提升的同时也会激发技术创新，能够部分或者全部抵消相应的成本。事实上这也意味着，城市层面的环境规制是否成功地激发了技术创新，是"波特假说"能否成立的关键所在，其对于环境规制政策的推进以及经济发展至关重要。当今中国，在经历了多年经济高速增长铸就的"中国奇迹"后，其环境污染问题愈发为社会各界所关注，传统以高投入、高消耗、高污染为特征的发展模式已然不可持续，而城市作为环境规制政策推进的关键层面，其环境规制如何影响技术创新则对于未来中国更好地推进环境污染治理以及实现绿色低碳发展至关重要。

习近平同志在党的十八届五中全会上提出"创新、协调、绿色、开放、共享"新发展理念，走绿色低碳循环发展之路成为调整经济结构、转变发展方式、实现绿色可持续发展的必然选择。因此，不仅要关注城市环境规制政策对技术创新的影响，更要关注城市层面环境规制对绿色创新的影响，而城市作为环境规制推进的基础层面，环境规制对城市绿色创新而言是助力还是阻力，则是中国环境规制能否在城市层面可持续推进的关键所在。2020 年 9 月 22 日，中国国家主席习近平在第七十五届联合国大会上提出，"二氧化碳排放力争于 2030 年前达到峰值，努力争取 2060 年前实现碳中和"。[①] 为确保如期实现碳达峰碳中和，《中共中央　国务院关于完整准确全面贯彻新发展理念做好碳达峰碳中和工作的意见》《2030 年前碳达峰行动方案》等政策文件先后印发，着力构建碳达峰碳中和的"1 + N"政策体系。这意味着，能否通过环境规制政策实现绿色创新，是如期完成碳达峰碳中和任务、实现低碳绿色可持续发展的关键。基于此，本章将在理论分析环境规制如何影响城市绿色创新的基础上，以中国地级市层面数据为研究样本，实证检验环境规制对城市绿色创新的影响及其内在影响机制。

与本章研究主题相关的文献中，一类重点研究环境规制对技术创新的影响，国内外众多的学者对此进行了探讨，大部分学者对"波特假说"的研究都持肯定态度（赵红，2008；李思慧和徐保昌，2020；Ambec et al.，2013），当环境规制产生的"补偿效应"超过"抵消效应"时，环境保护就会显著促进企业创新的提升（蒋伏心等，2013）。也有学者认为，由于环境规制的结构效应遵循成本效应大于创新补偿效

---

① 习近平. 在第七十五届联合国大会一般性辩论上的讲话［EB/OL］.（2020 - 09 - 22）［2022 - 01 - 05］. http：//www. xinhuanet. com/politics/leaders/2020/9/22/c_1126527652. htm.

应，从而导致总效应为负（Wang et al.，2019）。而随着对该话题研究的逐步深入，加之绿色环保理念逐渐深入人心，关于绿色科技创新的研究自 20 世纪 90 年代逐步兴起（Zhang et al.，2020）。既有研究普遍将绿色创新定义为"在其整个生命周期中减少诸如环境污染和资源浪费等负面影响的创新"。因此，绿色创新成果并不局限于某些行业（Calza et al.，2017），致力于减少环境污染、降低资源与原材料消耗和用于治理已污染的环境、处理已污染的资源的创新成果都属于绿色创新的范畴。

不少学者基于地区和产业视角，使用指标体系（范群林等，2011；钱丽等，2018；彭文斌等，2019）、效率评价（Li and Lin，2016；吕岩威等，2021）等方法对绿色创新能力进行了测度，并对绿色创新的影响因素逐步展开了探索。由于环境保护是一种典型的公共产品，因此绿色创新本身的驱动力不足，需要通过政策与区域带动效应推动其发展（Keller and Levinson；许可和张亚峰，2021），空间差异、宏观政策效果等随之成为研究绿色创新的重要切入点。赵路等（2020）的研究发现，绿色创新存在显著的区域（空间）正向溢出效应，在目前中国城市绿色创新多级分化态势的空间分布基础上，随着空间因素的动态作用，未来可能呈现出俱乐部收敛模式（王婧和杜广杰，2021）。董直庆和王辉（2019）也验证了环境规制的"本地—邻地"绿色技术进步效应，发现当邻地城市处于 300 千米范围内时，本地环境规制引发的邻地绿色科技创新进步效应达到峰值。

关于环境规制对绿色创新的影响，基于古典经济学理论的相关研究认为，环境规制增加了企业成本，挤出了企业创新资金，从而不利于技术创新（Linde，1995；Dean et al.，2000；Testa et al.，2011）。而基于"波特假说"的分析则认为，环境规制能够"倒逼"企业通过技术创新获得更高的生产收益，从而抵消成本获得更好的收益。安贝克等（Ambec et al.，2013）发现，基于绩效或基于市场的环境规制与技术创新的增长趋势一致。也有学者认为环境规制对绿色创新的影响主要取决于政策的执行力度（Xie et al.，2017）。阿西莫格鲁等（Acemoglu et al.，2012）的研究显示适度的环境规制可以倒逼企业引进绿色生产技术，据此提升企业的自主创新能力。而景维民和张璐（2014）却认为，严格的环境规制更有益于提高绿色全要素生产率。但宏观政策对绿色创新的调节也存在一定的局限性，当政策方向或幅度出现偏离时，政府政策和制度对绿色创新的驱动就可能会产生市场导向不足、创新资源错配等一系列问题（尤喆等，2019）。不少学者进一步细分了环境规制的具体手段，发现环境规制对省域绿色技术授权专利和绿色技术奖励的影响具有显著的异质性（郭进，2019）。李青原和肖泽华（2020）认为，排污收费显著促进了企业绿色创新，创造了更多的绿色发明专利成果。而齐绍洲等（2018）则在国内首次搜集了上市公司企业层面的专利数据，发现排污权交易试点政策能够诱发企业的绿色创新。

总结上述文献可以发现，现有文献从诸多层面和角度出发，对环境规制对技术创新乃至绿色创新的影响展开了卓有成效的探讨。然而，既有研究往往忽视了城市层面环境规制对城市绿色创新的影响及其影响机理，而本章旨在解决这一问题。相较于既有研究，本章可能的边际贡献主要体现在以下三个方面：第一，致力于从城市层面系统研究环境规制对城市绿色创新的影响及其影响机制，相较于既有文献，可以更为深入地从环境规制的实际执行层面精准检验环境规制影响城市绿色创新的实际效果以及环境规制政策的作用逻辑。第二，本章采用多种权威方法对环境规制、城市绿色创新等关键指标进行科学衡量，相较于既有文献，可以更好地刻画环境规制以及城市绿色创新的实际内涵，从实证检验层面有效扩大了相应指标的选择范围，有效提升了本章研究的实际学术参考价值。第三，本章对环境规制影响城市绿色创新的影响机制以及异质性特征进行了精准检验，相较于既有文献，本章可以为具有不同样本特征城市的绿色创新的推进和实现，以及环境规制政策、绿色创新政策的制定和差异化推进提供可靠的经验证据。

本章剩余部分结构安排如下：第二节为理论分析与研究假说；第三节为样本选择与研究设计；第四节为实证检验与分析；第五节为研究结论与启示。

第二节　环境规制与城市绿色发展：
理论分析与研究假说

环境规制通常被认为是一种制约经济主体排污行为的政策手段，其主要目的在于减少污染排放，推动经济实现绿色发展和结构转型（赵玉民等，2009；薄文广等，2018）。环境规制能够通过促进技术创新，显著降低企业生产成本，弥补环保带来的成本上升，从而实现环境保护与经济发展的良性循环。但这类技术创新是否符合低碳绿色发展需求？通过环境规制带动创新的绿色化转型，才是可持续发展的关键，同时也对环境政策的制定提出了更高的要求。创新的主体是企业，绿色创新的主体是从事致力于减少环境污染、降低资源与原材料消耗和从事治理已污染的环境、处理已污染的资源的企业。绿色创新作为推动城市经济绿色转型的关键要素，需要健全的环境规制并严格执行，以此来激发城市企业环保减排的压力和动机（张建鹏和陈诗一，2021），通过引导企业主动寻求绿色技术保护，从而提升城市环境治理水平和绿色创新能力，促进城市的可持续发展。

从企业角度来看，环境规制政策的实施必然会提升企业的污染治理成本，从而降低企业的利润空间，对创新资本形成压缩，从而"倒逼"企业通过创新达到内部"成本－收益"的重新平衡。然而，与环境规制推动普通技术创新不同的是，环境规制政策对绿色创新的推动具有差异化的作用路径：第一，与普通创新类似，企业可能通过绿色创新达到环保要求，从而抵消环保政策对企业产品成本的影响；第二，企业可能在通过绿色创新在降低现有产品成本的同时，有效迎合环保政策对于企业生产的要求，减少或减缓环境政策对企业产品成本上升的影响，从而对企业产品成本起到两头压缩的效果，使得企业更快达到内部的"成本－收益"平衡；第三，随着社会环境对低碳绿色发展概念的逐步深入理解，消费者对于使用绿色创新的绿色产品的接受度持续上升，能够在一定程度上容忍绿色产品所带来的产品溢价，进一步扩大了绿色创新给企业带来的利润空间，形成了绿色创新的良性循环。因此，相比于普通创新，环保政策对绿色创新有着更为复杂的影响路径。同时，绿色创新脱离了普通创新纯粹以压缩产品成本的方式被动应对环保政策的局面，形成了对于环保政策的主动迎合，加速了创新的绿色化转型，更符合环保政策出台的"初心"，迎合了国家低碳绿色发展的需求，有利于经济社会的可持续发展。从区域角度来看，环保政策能够对创新绿色化转型形成良性引导，使得创新主体能够通过绿色创新实现利润空间的多渠道扩张，同时获取更为正面的社会形象，形成企业和区域发展的双赢局面，更符合企业和地区的长期可持续发展需要。从政府角度看，环境规制增强了政府的环保执法和监管力度，在通过强制执行相关法律、法规实现环境污染程度快速、有效降低的同时，在短期也可能对城市经济增长形成阻碍，进一步影响城市绿色技术创新的积极性。可以发现，在实现经济可持续发展的背景下，环境规制对城市经济绿色转型提出了更高要求，能够推动城市实现经济发展和环境保护的双赢。但与此同时，提升城市绿色创新水平需要依靠长期且大量的资金支持，并且该行为存在较大的风险性，这意味着城市进行绿色创新活动可能会造成环境成本上升，甚至超过创新补偿效应，进一步导致消极的污染治理行为，即通过减少经济活动实现环境资源保护，降低经济主体进行绿色技术创新的动力，从而阻碍城市绿色创新水平的提升。据此，提出研究假说1。

研究假说1a：环境规制促进了城市绿色创新提升。

研究假说1b：环境规制阻碍了城市绿色创新提升。

环境规制在实现环境保护和治理目标的同时，要通过绿色创新来实现城市经济发展方式和经济结构转变，这不可避免地影响了城市经济资源分配（李青原和肖泽华，2020），尤其是城市创新投入资源。从微观层面看，环境规制可以增加企业开展绿色创新活动的动机和意愿，使得城市绿色创新的相关技术和人力资本要素投入增加，从而推动城市绿色创新发展。首先，环境规制严格限制并减少企业污染排放，面对环境规制带来的高昂治理成本和惩罚性成本，企业进一步完善内部治理机制，积极开展绿色创新活动（王馨和王营，2021），通过引进技术创新人才、升级技术设备和转变生产方式等，提高企业绿色创新水平和环境治理能力，进而推动城市绿色技术进步和经济绿色发展。其次，企业提升绿色创新能力和实现绿色转型，需要依靠大量资金的持续投入。然而，环境规制增加了企业的治理成本，这限制了企业依靠内部自有资金从事绿色创新活动，可能使地方政府增加对绿色创新相关领域企业的资金补贴和支持，从而推进城市绿色创新水平提升。从宏观层面看，环境规制加强了地区环境执法和监管力度，从而增加城市绿色创新资本要素投入。一方面，政府颁布并实施环境规制相关的法律法规，严格限制并规定污染排放，推动城市环保执法力度的增强（包群等，2013），通过阻碍高污染和高能耗产业发展，进而迫使其增加绿色创新资金投入，提升绿色创新能力，从而实现产业结构调整，促进城市可持续发展。另一方面，环境规制通过限制排污、增加税收等方式积极引导资金流向绿色产业，增加了城市绿色创新资本要素投入需求，激励城市绿色技术创新实现新突破，推动城市形成"稳经济"和"优环境"正反馈效应。此外，由于增加绿色创新投入带来经济效益和环境效益需要较长周期，并且绿色创新投入的专用性较强，因此，面临经济发展目标考察的城市可能存在中断绿色创新相关投入的动机，进一步导致创新投入减少，阻碍城市绿色创新水平提升。综合上述，提出研究假说2。

研究假说2a：环境规制通过促进城市创新投入推动城市绿色创新提升。

研究假说2b：环境规制通过抑制城市创新投入阻碍城市绿色创新提升。

第三节　样本选择与研究设计

一、样本选择

本章研究的样本数据主要包括以下两个来源：第一个数据来源是《中国城市统计年鉴》，这一统计年鉴涵盖了中国地级市层面的经济、环境、社会等各方面的详细特征数据，本章以这一数据作为实证检验的基础数据。第二个数据来源是国家知识产权局的国家知识产权数据，这一数据涵盖了中国地级市层面详细的专利申请数据，本章以这一数据库为基础，借鉴既有研究中普遍认可和采用的方法，通过行业检索来构建地级市层面的绿色专利数据。通过地级市代码将上述两个来源 2005～2016 年的数据进行匹配，最终构建了本章后续实证检验所使用的样本数据。

二、模型设定

为检验前文研究假说是否成立，在参考既有研究的基础上，充分考虑环境规制影响绿色创新所存在的时滞效应，设定如下计量模型：

$$greeninno_{it} = \beta_0 + \beta_1 environment_{it-1} + \beta_2 C_{it} + \delta_i + \delta_t + \mu_{it} \quad (5.1)$$

其中，上式中 i、t 分别表示城市、年份。被解释变量 $greeninno$ 为城市绿色创新。解释变量中，$environment$ 为环境规制强度，C 为其他控制变量的集合，λ_j、λ_t 分别表示城市层面和年份层面的固定效应，μ 为模型的随机扰动项。

三、指标构建

（一）被解释变量

被解释变量城市绿色创新指标（$greeninno$）的衡量方面，在基于国家知识产权局的国家知识产权数据对具体绿色专利数据的构建过程中，本章使用世界知识产权组织（WIPO）制定的"国际专利分类绿色清单"①，并据此检索专利申请数据的相关条目来重新进行核算，考虑到原始数据中部分地级市的个别年份数值为 0，为了不造成样本的缺失，采用该城市绿色专利申请量加 1 的对数值来对城市绿色创新进行测算。

（二）主要解释变量

环境规制强度指标（*environment*）的衡量方面，本章借鉴沈坤荣等（2017）、徐保昌等（2020）、李思慧和徐保昌（2020）、徐保昌等（2022）等既有研究普遍认可和采用的环境规制测算方法，以该城市二氧化硫去除率、烟粉尘去除率以及城市 GDP 等为原始指标，来对中国地级市层面环境规制强度进行测算。环境规制强度的测算主要包括以下三个步骤：

第一，分别对污染物去除率指标标准化处理：

$$PE_{ij}^s = [PE_{ij} - \min(PE_{ij})]/[\max(PE_{ij}) - \min(PE_{ij})] \qquad (5.2)$$

其中，PE_{ij}、PE_{ij}^s 分别表示城市 i 中污染物 j 去除率指标的实际数值和标注化后的数值，$\max(PE_{ij})$ 和 $\min(PE_{ij})$ 分别表示城市 i 中 j 类污染物去除率的最大和最小数值。

第二，测算城市层面二氧化硫去除率和烟粉尘去除率的标注化数值的调整系数 W_{ij}。考虑到各城市不同污染物排放各不相同，并且不同年份同一城市污染物排放也存在一定差异。因此，本章对各城市的不同污染排放设定不同的权重，具体各调整系数 W_{ij} 的测度方法如下：

---

① IPC green inventory［EB/OL］.［2021 – 11 – 15］. https：//www. wipo. int/classifications/ipc/green – inventory/home.

$$W_{ij} = \frac{\dfrac{P_{ij}}{\sum_i P_{ij}}}{\dfrac{GDP_i}{\sum_i GDP_i}} \tag{5.3}$$

其中，W_{ij} 是城市污染物 j 占全国该污染物排放的比率与该城市 GDP 占全国 GDP 比率的比值。

第三，根据二氧化硫、烟粉尘去除率的标准化数值以及各污染物的调整系数 W_{ij}，测算得到地级市层面的环境规制强度，具体测算公式如下：

$$ER_i = \sum_{j=1}^{2} \frac{W_{ij} PE_{ij}^s}{2} \tag{5.4}$$

（三）控制变量

其他控制变量的选择过程中，为了确保控制变量选择的合理性，本章在考虑数据的可获得性以及既有相关研究中普遍做法的基础上，选择了地方经济水平、人口密集度、资本要素密集度、地方产业结构、基础设施水平、外商直接投资等作为控制变量，同时，控制了城市和年份层面的固定特征来尽可能降低遗漏变量问题对回归结果的影响。上述各控制变量的具体设定方法如表 5 – 1 所示。

表 5 – 1　　　　　　　　其他控制变量具体衡量方法

变量	变量含义	衡量方法
economy	地方经济水平	采用地方人均 GDP 的对数值来对其进行衡量
people	人口密集度	采用每平方千米人口数量的对数值来对其进行衡量

续表

变量	变量含义	衡量方法
capital	资本要素密集度	采用地方固定资产投资总额占其 GDP 的比重对其进行衡量
structure	地方产业结构	采用地方第二产业产值占其 GDP 的比重对其进行衡量
infrastruc	基础设施水平	采用人均城市道路面积的对数值来对其进行衡量
FDI	外商直接投资	采用当年外商投资实际使用金额占地方当年 GDP 的比重对其进行衡量

四、描述性统计值

本章前文各变量构建完成后，为确保回归结果的可靠性，回归分析之前对本章各变量可能存在的异常值进行了处理，以控制异常值可能对本章后文回归结果造成的影响。具体而言，本章对被解释变量城市绿色创新和主要解释变量环境规制强度这两个指标前后 5% 的数值进行了截尾处理，对其他控制变量则视数据实际情况进行了前后 5% 的缩尾处理。表 5 - 2 详细报告了基础计量模型中主要变量的描述性统计值。由表 5 - 2 中主要变量的统计值可以发现，被解释变量城市绿色创新这一指标的平均值为 4.115，而其最小值为 0.693，最大值为 10.12，最大值约是最小值的 14.6 倍，这表明在城市绿色创新方面不同城市之间往往存在较大的差异，城市绿色创新的不平衡问题可能较为突出。同时，主要解释变量环境规制强度指标的最大值为 4.183，而其最小值为 0.047，其最大值约是最小值的 89 倍，这表明城市环境规制强度之间同样可能存在较大差异，环境规制强度区域不均衡的情况可能同样存在。

表5-2   主要变量描述性统计值

变量	样本数	平均值	标准差	最小值	最大值
greeninno	3030	4.115	1.837	0.693	10.12
environment	3297	1.015	1.120	0.047	4.183
economy	3563	10.09	0.774	8.483	11.36
people	3313	5.769	0.786	4.209	6.850
capital	3563	0.594	0.276	0.001	1.048
structure	3565	48.74	9.711	28.03	65.12
infrastruc	2759	2.192	0.626	-3.912	4.686
FDI	3397	0.00310	0.00277	$1.34e-05$	0.010

第四节　环境规制对城市绿色发展
影响的实证分析

一、基准回归结果

本章基准回归中通过逐步添加变量来对回归中各计量模型进行设定，回归过程中均采用聚类到地级市层面的标准误进行回归。由表5-3中报告的基准回归结果可以发现，模型（1）~模型（7）中环境规制强度的回归系数均显著为正，这一结果表明，环境规制促进了城市绿色创新提升，本章研究假说1a得到验证。究其原因，随着环境规制强度的提升，地方环保执法和监管的力度不断提高，地方企业等主体实施绿色创新压力的显著提升，最终促进了绿色创新的增加。需要注意的是，随着控制变量的逐步添加，环境规制强度的回归系数虽有变化，但是均在5%统计水平上显著为正，这一结果验证了本章基准计量模型设定的可靠性。

其他控制变量方面，地方经济水平的回归系数显著为正，这表明地方经济水平越高，地方的企业等主体可能更重视绿色创新问题，进而推动了城市绿色创新。人口密集度、资本要素密集度和地方产业结构的回归系数并不显著，这一结果表明地方的劳动力和资本等要素的实际程度以及实际产业的构成未能有效推动地方实施绿色创新。基础设施水平的回归系数显著为正，这表明基础设施建设是推动地方绿色创新的重要因素，原因在于基础设施水平的提高提升了实施绿色创新的便利程度，因而有助于城市绿色创新的提升。外商直接投资的回归系数显著为负，这表明外商直接投资抑制了城市绿色创新水平的提升，究其原因，外商直接投资的产业往往具有"污染避难"的意味，其整体程度上尚无法激发城市的绿色创新。

表 5 – 3　　　　　　　　　　基准回归结果

变量	(1)	(2)	(3)	(4)	(5)	(6)	(7)
L. environment	0.068*** (4.40)	0.077*** (5.03)	0.074*** (4.51)	0.073*** (4.47)	0.072*** (4.39)	0.074*** (4.49)	0.063*** (3.65)
economy		0.348*** (5.63)	0.249*** (3.63)	0.257*** (3.68)	0.179** (2.19)	0.151* (1.81)	0.175** (1.97)
people			0.066 (0.97)	0.066 (0.97)	0.071 (1.05)	0.072 (1.05)	0.056 (0.83)
capital				−0.034 (−0.42)	−0.067 (−0.80)	−0.096 (−1.12)	−0.015 (−0.16)
structure					0.006* (1.81)	0.006* (1.79)	0.005 (1.64)

变量	（1）	（2）	（3）	（4）	（5）	（6）	（7）
infrastruc						0.118 *** (2.96)	0.147 *** (3.65)
FDI							−31.572 *** (−4.40)
常数项	2.498 *** (62.92)	−0.817 (−1.38)	−0.244 (−0.32)	−0.304 (−0.40)	0.166 (0.20)	0.206 (0.25)	0.199 (0.23)
时间固定特征	是	是	是	是	是	是	是
地级市固定特征	是	是	是	是	是	是	是
R^2	0.823	0.825	0.808	0.808	0.808	0.807	0.811
样本数	2802	2799	2550	2547	2545	2501	2390

注：括号中数字为 t（z）值；***、**、*分别表示在1%、5%和10%统计水平上显著；本章均采用聚类到地级市层面的标准误进行回归。

二、稳健性检验

（一）替换城市绿色创新衡量方法

为确保被解释变量城市绿色创新衡量方法的可靠性，本章在稳健性检验的第一部分将使用替换城市绿色创新的衡量方法进行回归。

一方面，采用该城市绿色实用新型专利申请量加1的对数值来对城市绿色创新进行测算，其余变量设定保持不变。表5－4报告了以绿色实用新型专利衡量城市绿色创新的回归结果。由表5－4中回归结果可以发现，模型（1）～模型（7）中环境规制强度的回归系数均在1%统计水平上显著为正，环境规制强度显著促进了城市绿色创新，这与本章基准回归分析的结果是一致的，这表明不论使用该城市绿色专利申请量还是绿色实用新型专利申请量来衡量城市绿色创新，环境规制均显著促进了城市绿色创新，本章研究假说1a的可靠性得到再次验证。

表5－4　　　　替换城市绿色创新衡量方法：绿色实用新型专利

变量	（1）	（2）	（3）	（4）	（5）	（6）	（7）
L. environment	0.084***	0.089***	0.085***	0.084***	0.083***	0.085***	0.082***
	（5.85）	（6.17）	（5.47）	（5.38）	（5.32）	（5.38）	（4.91）
economy		0.188***	0.115*	0.135**	0.087	0.054	0.069
		（3.22）	（1.77）	（2.03）	（1.13）	（0.69）	（0.82）
people			0.030	0.031	0.034	0.035	0.027
			（0.46）	（0.47）	（0.52）	（0.53）	（0.41）
capital				−0.123	−0.143*	−0.166**	−0.077
				（−1.57）	（−1.79）	（−2.04）	（−0.89）
structure					0.003	0.003	0.003
					（1.17）	（1.17）	（0.85）
infrastruc						0.096***	0.148***
						（2.66）	（3.91）
FDI							−21.902***
							（−3.16）
常数项	2.091***	0.311	0.827	0.690	0.976	1.103	1.067
	（56.50）	（0.56）	（1.13）	（0.94）	（1.27）	（1.41）	（1.30）
时间固定特征	是	是	是	是	是	是	是
地级市固定特征	是	是	是	是	是	是	是
R^2	0.811	0.812	0.788	0.788	0.788	0.787	0.793
样本数	2831	2828	2579	2576	2574	2530	2409

注：括号中数字为 *t* （z）值；*** 、** 、* 分别表示在1%、5%和10%统计水平上显著；本章均采用聚类到地级市层面的标准误进行回归。

　　另一方面，为进一步确保被解释变量城市绿色创新衡量方法的可靠性，替换城市绿色创新的衡量方法，使用城市绿色发明专利申请量加 1 的对数值来对城市绿色创新进行测算。表 5 - 5 报告了以绿色发明专利衡量城市绿色创新的回归结果。由表 5 - 5 中模型（1）~ 模型（7）的回归结果可以发现，环境规制强度的回归系数均显著为正，即不论使用城市绿色专利申请量、绿色实用新型专利申请量还是绿色发明专利申请量来衡量城市绿色创新，环境规制均显著促进了城市绿色创新，这与前文回归结果是一致的，本章研究假说 1a 的可靠性得到再次验证。

表 5 - 5　　　　　　　替换城市绿色创新衡量方法：绿色发明专利

变量	（1）	（2）	（3）	（4）	（5）	（6）	（7）
$L.\ environment$	0.051 *** (2.94)	0.058 *** (3.33)	0.044 ** (2.41)	0.043 ** (2.33)	0.043 ** (2.35)	0.045 ** (2.44)	0.038 * (1.94)
$economy$		0.233 *** (3.33)	0.116 (1.51)	0.141 * (1.81)	0.163 * (1.79)	0.145 (1.57)	0.151 (1.52)
$people$			0.071 (0.92)	0.072 (0.93)	0.070 (0.91)	0.072 (0.93)	0.047 (0.61)
$capital$				- 0.155 * (- 1.69)	- 0.144 (- 1.53)	- 0.187 * (- 1.96)	- 0.113 (- 1.10)
$structure$					- 0.002 (- 0.49)	- 0.001 (- 0.25)	- 0.001 (- 0.26)
$infrastruc$						0.095 ** (2.23)	0.130 *** (2.92)
FDI							- 37.551 *** (- 4.58)
常数项	1.847 *** (41.62)	- 0.368 (- 0.55)	0.357 (0.42)	0.182 (0.21)	0.056 (0.06)	0.010 (0.01)	0.179 (0.18)

续表

变量	（1）	（2）	（3）	（4）	（5）	（6）	（7）
时间固定特征	是	是	是	是	是	是	是
地级市固定特征	是	是	是	是	是	是	是
R^2	0.761	0.763	0.740	0.739	0.739	0.738	0.744
样本数	2831	2828	2579	2576	2574	2530	2409

注：括号中数字为 t（z）值；***、**、*分别表示在1%、5%和10%统计水平上显著；本章均采用聚类到地级市层面的标准误进行回归。

（二）替换环境规制强度衡量方法

为确保本章解释变量城市环境规制强度衡量方法的可靠性，本章在稳健性检验中将采用朱平芳等（2011）、徐保昌等（2020）以及李思慧和徐保昌（2020）等既有研究中认可和采用的方法，以地级市层面工业二氧化硫、烟（粉）尘以及废水的排放量作为基础数据来测算环境规制强度（environment2），基准模型中其他变量的设定保持不变。表5-6报告了替换环境规制强度衡量方法后的回归结果。由表5-6中回归结果可以发现，更换环境规制强度衡量方法后，模型（1）~模型（7）中环境规制强度的回归系数依然显著为正，这与本章前文回归结果是一致的，这表明不论哪种方法来衡量环境规制强度，环境规制均显促进了城市绿色创新，在确保环境规制强度指标设定可靠性的基础上，本章研究假说1a依然成立。

表5-6　　　　　　　　替换环境规制强度衡量方法

变量	（1）	（2）	（3）	（4）	（5）	（6）	（7）
L. environment2	0.042** (1.96)	0.054** (2.51)	0.057** (2.42)	0.057** (2.39)	0.054** (2.26)	0.056** (2.35)	0.060** (2.31)

续表

变量	(1)	(2)	(3)	(4)	(5)	(6)	(7)
economy		0.332 *** (5.37)	0.229 *** (3.35)	0.238 *** (3.41)	0.164 ** (2.01)	0.139 * (1.67)	0.174 * (1.96)
people			0.062 (0.92)	0.062 (0.91)	0.067 (0.99)	0.068 (1.00)	0.050 (0.74)
capital				−0.038 (−0.46)	−0.068 (−0.81)	−0.096 (−1.12)	−0.003 (−0.03)
structure					0.005 * (1.68)	0.005 * (1.67)	0.005 (1.50)
infrastruc						0.113 *** (2.83)	0.143 *** (3.55)
FDI							−35.105 *** (−4.94)
常数项	2.568 *** (65.53)	−0.592 (−1.00)	0.029 (0.04)	−0.037 (−0.05)	0.404 (0.50)	0.432 (0.53)	0.320 (0.37)
时间固定特征	是	是	是	是	是	是	是
地级市固定特征	是	是	是	是	是	是	是
R^2	0.822	0.825	0.808	0.807	0.807	0.806	0.810
样本数	2805	2802	2551	2548	2546	2501	2390

注：括号中数字为 t（z）值；***、**、*分别表示在1%、5%和10%统计水平上显著；本章文均采用聚类到地级市层面的标准误进行回归。

（三）工具变量回归

环境规制在影响城市绿色创新的同时，城市绿色创新也同样存在一定概率影响环境规制。为避免因环境规制与城市绿色创新互为因果导致的内生性对回归结果造成的影响，稳健性检验中本章将采用工具变量法对本章基础计量模型进行回归，具体回归中本章将采用二阶段最小二乘法进行估计。回归工具变量的选择过程中，本章采用城市非建成区占市区面积的比重作为环境规制强度的工具变量，这一指标不仅可以反映地方政府对于环境保护的态度，较好地与环境规制强度相关联，而且其与城市绿色创新又不直接相关，可以较好地满足工具变量的相关要求。

为进一步确保回归结果的可靠性，本章工具变量回归过程中，将同时使用城市绿色专利申请量、绿色实用新型专利申请量和绿色发明专利申请量三个指标测算的城市绿色创新指标进行回归分析。表5－7中模型（1）~模型（3）分别报告了以绿色专利申请量、绿色实用新型专利申请量和绿色发明专利申请量测算的城市绿色创新指标的回归结果，其中，模型（1）~模型（3）中 Kleibergen－Paap rk LM 检验以及 Kleibergen－Paap rk Wald F 检验均拒绝了其原假设，工具变量选择的合理性得到验证。表5－7中回归结果可以发现，环境规制强度的回归系数均显著为正，这表明在有效控制可能存在的反向因果导致的内生性问题的情形下，环境规制依然有效促进了城市绿色创新，这与前文回归结果是一致的，本章研究假说1a 的可靠性得到再次验证。

表5－7   工具变量回归结果

变量	（1）	（2）	（3）
	绿色专利申请量	绿色实用新型专利申请量	绿色发明专利申请量
L. environment	1.155 *** (2.84)	1.212 *** (2.71)	1.495 *** (2.85)
economy	2.114 *** (12.83)	1.974 *** (11.09)	2.327 *** (11.15)
people	1.278 *** (8.35)	1.250 *** (7.46)	1.358 *** (6.91)

续表

变量	(1)	(2)	(3)
	绿色专利申请量	绿色实用新型专利申请量	绿色发明专利申请量
capital	-0.064 (-0.38)	-0.301* (-1.73)	0.160 (0.79)
structure	-0.077*** (-6.91)	-0.073*** (-5.80)	-0.094*** (-6.39)
infrastruc	0.647*** (7.62)	0.566*** (7.07)	0.536*** (5.70)
FDI	39.571** (2.07)	49.305** (2.38)	52.168** (2.14)
常数项	-23.090*** (-9.84)	-21.893*** (-8.73)	-25.889*** (-8.80)
时间固定特征	是	是	是
地级市固定特征	是	是	是
R^2	0.393	0.284	0.121
样本数	2366	2385	2385

注：括号中数字为 t (z) 值；***、**、* 分别表示在 1%、5% 和 10% 统计水平上显著；本章均采用聚类到地级市层面的标准误进行回归。

（四）双重差分估计

为再次对内生性问题进行处理，验证本章核心结论的稳健性，本章以低碳试点政策作为环境规制强度提升的准自然实验，采用 2005 ~ 2015 年数据进行实证研究，通过构建多期双重差分模型来再次克服可能存在的内生性问题。低碳试点的确立主要分为三个批次：

第一批次：2010 年 7 月 19 日，《国家发展改革委关于开展低碳省区和低碳城市试点工作的通知》发布，确立首批低碳试点城市，具体包括：广东、辽宁、湖北、陕西、云南五省与天津、重庆、深圳、厦门、杭州、南昌、贵阳、保定八市。

第二批次：2012 年 11 月 26 日，《国家发展改革委关于开展第二批国家低碳省区和低碳城市试点工作的通知》下发，确定了北京市、上海市、海南省等 29 个试点地区。

第三批次：2017 年 1 月 7 日，《国家发展改革委关于开展第三批国家低碳城市试点工作的通知》公布第三批低碳城市试点，包括内蒙古自治区乌海市等 45 个城市（区、县）。限于数据的可获取现状，本章考察第一批和第二批低碳城市试点建立的政策效应。

具体准自然实验的研究设计中，本章采用双重差分的方法来估计低碳试点城市的确立对城市绿色创新的净效应，这不仅有利于消除城市之间的内在差异以及与处理组无关的时间趋势产生的偏误，而且考虑到与本章前文基准模型的设定相一致，采用政策实施后一年的被解释变量以及其他控制变量的数值来进行回归，进而有效缓解反向因果所导致的内生性问题。具体双重差分计量模型的设定为：

$$greeninno_{it+1} = \beta_0 + \beta_1 policy_{it} + \beta_2 C_{it+1} + \delta_i + \delta_t + \mu_{it+1} \quad (5.5)$$

其中，$policy_{it}$ 为低碳试点政策虚拟变量，用于表示第 t 年城市 i 是否被列为低碳试点，若城市 i 在第 t 年成为低碳试点，则 $policy_{it}$ 取值为 1，否则取值为 0。其余变量的设定方法与基准计量模型保持一致。

表 5-8   双重差分回归结果

变量	(1)	(2)	(3)	(4)	(5)	(6)	(7)
	$greeninno_{t+1}$						
$policy_t$	0.1274 ** (2.2470)	0.1262 ** (2.2260)	0.1264 ** (2.2297)	0.1288 ** (2.2835)	0.1279 ** (2.2670)	0.1302 ** (2.3113)	0.1364 ** (2.4556)

续表

变量	（1）	（2）	（3）	（4）	（5）	（6）	（7）
				$greeninno_{t+1}$			
$Economy_{t+1}$		0.1476 （1.2612）	0.1477 （1.2629）	0.1549 （1.2957）	0.0837 （0.6670）	0.0652 （0.5078）	0.1205 （0.8925）
$people_{t+1}$			0.0681 （1.3246）	0.0679 （1.3218）	0.0730 （1.4310）	0.0731 （1.4319）	0.0558 （1.1049）
$capital_{t+1}$				− 0.0323 （− 0.2443）	− 0.0557 （− 0.4173）	− 0.0712 （− 0.5224）	0.0091 （0.0632）
$structure_{t+1}$					0.0050 （1.0329）	0.0051 （1.0642）	0.0039 （0.7941）
$infrastruc_{t+1}$						0.0739 （1.2376）	0.1018 * （1.6944）
FDI_{t+1}							− 32.0596 *** （− 3.0205）
常数项	4.0109 *** （349.8453）	2.5078 ** （2.1013）	2.1136 * （1.7473）	2.0592 * （1.6882）	2.5235 ** （2.0498）	2.5358 ** （2.0117）	2.2092 * （1.6526）
时间固定特征	是	是	是	是	是	是	是
地级市固定特征	是	是	是	是	是	是	是
R^2	0.9474	0.9476	0.9476	0.9475	0.9476	0.9471	0.9478
样本数	2775	2772	2772	2769	2767	2721	2594

注：括号中数字为 t（z）值；*** 、** 、* 分别表示在 1% 、5% 和 10% 统计水平上显著；本章均采用聚类到地级市层面的标准误进行回归。

表 5 - 8 展示了多期双重差分模型的估计结果，表 5 - 8 模型（1）仅加入核心解释变量，并控制时间及地级市固定效应，核心解释变量在 5% 的统计水平上显著为正，说明低碳试点政策在一定程度上促进了城市绿色创新。表 5 - 8 模型（2）~模型（7）逐步引入控制变量，可以发现在进一步控制遗漏因素后，核心解释变量依然在 5% 的水平上显著

为正，说明低碳试点政策对城市创新存在正向影响，表明环境规制依然有效促进了城市绿色创新，这与本章前文回归结果是一致的，本章研究假说 1a 的可靠性得到再次验证。

双重差分法使用的重要前提是政策实施前处理组与控制组城市满足平行趋势假设，即政策实施前处理组和控制组城市的创新水平遵循大体一致的变化趋势。围绕设立低碳试点的城市，将该城市设立低碳试点城市年份的之前 1～6 期值形成 6 个解释变量，并将设立低碳试点城市年份的以后的 1～5 期值形成 5 个解释变量，并将设立低碳试点城市当年年份作为解释变量同时加入回归。具体计量模型设定如下：

$$greeninno_{it+1} = \alpha_1 + \alpha_2 policy_i^{-6} + \cdots + \alpha_{11} policy_i^5 +$$
$$\alpha_{14} C_{it+1} + \delta_i + \delta_t + \mu_{it+1} \tag{5.6}$$

其中，$policy_{it}^{\pm j}$（$j = -6，-5，\cdots，5$）为一系列虚拟变量，当处理组城市在被确立为低碳试点前的 j 年时，$policy_{it}^{-j}$ 取值为 1；当处于被确立为低碳试点前的 j 年时，$policy_{it}^{+j}$ 取值为 1，此外，$policy_{it}^{\pm j}$ 取值为 0。

表 5 - 9 报告了动态效应的检验结果，可以发现，在低碳试点实施前 $policy_{it}^{-j}$ 的系数并不显著，说明低碳试点政策实施前，处理组与控制组城市的创新水平并不存在显著差异，满足平行趋势假设。低碳试点政策当年及之后，$policy_{it}^{+j}$ 的估计系数显著为正，说明低碳试点政策对城市创新具有显著的正向影响，并具有持续性。这一结果再次验证了环境规制对城市绿色创新的促进作用，这与前文回归结果是一致的，本章研究假说 1a 的可靠性得到充分验证。

表 5 - 9 动态效应检验

变量	(1) greeninno$_{t+1}$
policy^{-6}	-0.0896 (-0.7820)
policy^{-5}	-0.1520 (-1.2959)
policy^{-4}	-0.0568 (-0.6755)
policy^{-3}	-0.0423 (-0.6263)
policy^{-2}	-0.0364 (-0.6193)
policy^{-1}	-0.0176 (-0.6621)
policy^{0}	0.0939* (1.6569)
policy^{+1}	0.1687*** (3.1927)
policy^{+2}	0.1175* (1.8872)
policy^{+3}	0.1824*** (2.8633)
policy^{+4}	0.1687** (2.3832)
policy^{+5}	0.4032*** (4.3047)
其他控制变量	控制

续表

变量	（1）
	greeninno$_{t+1}$
常数项	2.1350 （1.5994）
时间固定特征	是
地级市固定特征	是
R^2	0.9484
样本数	2594

注：括号中数字为 t（z）值；***、**、*分别表示在1%、5%和10%统计水平上显著；本章均采用聚类到地级市层面的标准误进行回归。

三、影响机制检验

为验证环境规制影响城市绿色创新的机制，对本章研究假说进行系统检验，在影响机制检验过程中，借鉴既有文献中普遍采用的"三步法"来对影响机制进行检验，具体模型设定如下：第一步是基准计量模型的回归，这一步骤中模型的设定方式与本章前文模型（1）基准计量模型保持一致；第二步是城市创新投入对基准计量回归中的所有解释变量进行回归分析；第三步，则是在基准计量模型中加入城市创新投入变量，并将其作为解释变量，然后，将被解释变量对所有解释变量进行回归分析。"三步法"影响机制检验中，第二步和第三步的计量模型具体设定如下：

$$innoinput_{it} = \alpha_0 + \alpha_1 environment_{it-1} + \alpha_2 C_{it} + \delta_i + \delta_t + \mu_{it} \quad (5.7)$$

$$greeninno_{it} = \lambda_0 + \lambda_1 environment_{it-1} + \lambda_2 innoinput_{it} +$$
$$\lambda_3 C_{it} + \delta_i + \delta_t + \mu_{it} \quad (5.8)$$

　　其中，*innoinput* 表示城市创新投入，其他变量的含义以及设定方法与基准计量模型保持一致。城市创新投入指标（*innoinput*）的衡量过程中，为了消除地方财政规模对创新投入造成的影响，本章采用科学技术支出占公共财政支出的比重对城市创新投入进行衡量。

　　表 5 – 10 报告了影响机制检验的回归结果。由表 5 – 10 中回归结果可以发现，模型（1）与前文中回归结果基本保持一致，即环境规制促进了城市绿色创新提升。模型（2）中环境规制强度的回归系数显著为正，即环境规制强度提升显著促进了城市创新投入的再增加，这表明在环境规制压力下，城市增加了其在相关领域的创新投入。模型（3）中环境规制强度和城市创新投入的回归系数均显著为正，且环境规制强度的回归系数显著小于模型（1）中环境规制的回归系数，这一结果表明环境规制能够通过促进城市创新投入推动城市绿色创新提升，本章研究假说 2a 的可靠性得到验证。

表 5 – 10　　　　　　　　　　　　　影响机制检验

变量	(1)	(2)	(3)
	greeninno	*innoinput*	*greeninno*
L. environment	0.063 *** (3.65)	0.001 *** (3.73)	0.061 *** (3.59)
innoinput			5.356 *** (7.91)
economy	0.175 ** (1.97)	0.006 ** (2.31)	0.206 ** (2.35)
people	0.056 (0.83)	− 0.002 (− 0.78)	0.064 (0.97)
capital	− 0.015 (− 0.16)	− 0.001 (− 0.35)	− 0.004 (− 0.05)

续表

变量	（1）	（2）	（3）
	greeninno	*innoinput*	*greeninno*
structure	0.005 （1.64）	－0.000 （－0.48）	0.006* （1.76）
infrastruc	0.147*** （3.65）	－0.000 （－0.26）	0.148*** （3.74）
FDI	－31.572*** （－4.40）	－0.812*** （－3.61）	－27.226*** （－3.84）
常数项	0.199 （0.23）	0.081*** （3.02）	－0.203 （－0.24）
时间固定特征	是	是	是
地级市固定特征	是	是	是
R^2	0.811	0.347	0.816
样本数	2390	2408	2389

注：括号中数字为 t（z）值；***、**、* 分别表示在1%、5%和10%统计水平上显著；本章均采用聚类到地级市层面的标准误进行回归。

四、异质性检验

（一）是否省会城市

省会城市作为一个省份乃至区域的行政和经济中心，其在环境规制执行以及绿色创新推进中往往呈现出较好的执行力度，那么，环境规制对其城市绿色创新的影响是否与非省会城市存在较大差异呢？基于此，本章将研究样本划分为省会城市和非省会城市进行分样本回归。表5－11报告了考虑是否省会城市的分样本检验回归结果。由表5－11中回归结果可以发现，模型（3）和模型（4）中非省会城市环境规制强度的回归系数显著为正，而与之相对的模型（1）和模型（2）中省会城市样本中环境规制强度的回归系数并不显著，上述结果表明，环境规制促进了非省会城市绿色创新提升，而环境规制并未显著推动省会城市的绿色创新。究其原因，省会城市具有显著的政治属性，在政策的执行贯彻过程中必须起到示范带头作用，其在城市绿色创新的推动过程中往往具有较好的规划和较为彻底的政策执行力，加之本身的经济发展先导性，决定了其产业结构更加高科技化和绿色化，不管是否面对环境规制压力提升，省会城市均能按部就班地推动其绿色创新提升，因此，环境规制对省会城市绿色创新的提升不明显。

表 5-11　　　　　　　　异质性检验：是否省会城市

变量	(1) 省会城市	(2) 省会城市	(3) 非省会城市	(4) 非省会城市
L. environment	0.013 (0.41)	0.026 (0.81)	0.073 *** (4.38)	0.065 *** (3.45)
economy		0.339 *** (2.70)		0.149 (1.48)
people		-0.083 (-0.44)		0.057 (0.80)
capital		-0.066 (-0.46)		-0.001 (-0.01)
structure		0.018 *** (3.51)		0.004 (1.17)
infrastruc		-0.008 (-0.12)		0.158 *** (3.58)
FDI		-17.928 ** (-2.23)		-33.474 *** (-4.05)
常数项	4.969 *** (88.01)	1.419 (0.92)	2.171 *** (48.79)	0.159 (0.17)

续表

变量	（1）	（2）	（3）	（4）
	省会城市	省会城市	非省会城市	非省会城市
时间固定特征	是	是	是	是
地级市固定特征	是	是	是	是
R^2	0.953	0.958	0.810	0.796
样本数	326	288	2476	2102

注：括号中数字为 t（z）值；***、**、*分别表示在1%、5%和10%统计水平上显著；本章均采用聚类到地级市层面的标准误进行回归。

（二）地区差异性

不同区域的城市其在环境规制执行以及绿色创新推进中往往呈现较大的差异。为了检验中国不同地区城市中，环境规制对其城市绿色创新的促进作用是否同样显著。本章基于中国"七五"期间的东部、中部和西部的划分方法，将研究样本划分为东部地区、中部地区和西部地区分样本回归。表5-12报告了考虑地区差异性的分样本检验回归结果。由表5-12中回归结果可以发现，模型（1）~模型（4）中环境规制强度的回归系数均显著为正，而模型（5）和模型（6）中环境规制强度的回归系数并不显著，这表明环境规制显著促进了东部地区和中部地区城市的绿色创新，与之相对应的，环境规制强度提高未能促进西部地区城市绿色创新提升。其背后的原因在于，相较于中东部城市，西部地区城市的环保意识乃至绿色创新能力均相对较弱，因此，在面对环境规制强度提升的压力时，西部地区城市往往缺乏意愿和能力增加创新投入进而推动其绿色创新提升。

表5-12　　　　　　　　　　　异质性检验：地区差异性

变量	（1）东部地区	（2）东部地区	（3）中部地区	（4）中部地区	（5）西部地区	（6）西部地区
L. environment	0.194 *** (6.24)	0.133 *** (3.90)	0.156 *** (6.25)	0.111 *** (4.14)	-0.034 (-1.18)	-0.046 (-1.24)
economy		0.283 *** (2.85)		-0.089 (-0.52)		-0.267 (-1.05)
people		0.075 (1.24)		-0.094 (-0.67)		0.610 (0.79)
capital		-0.281 ** (-2.29)		0.297 * (1.92)		0.047 (0.21)
structure		-0.005 (-1.02)		0.020 *** (3.48)		-0.013 * (-1.76)
infrastruc		0.043 (0.76)		0.139 * (1.87)		0.172 ** (2.12)
FDI		-49.008 *** (-5.84)		-1.869 (-0.14)		-10.042 (-0.42)
常数项	3.371 *** (70.72)	0.666 (0.69)	2.004 *** (27.12)	2.201 (1.31)	1.730 *** (18.55)	1.315 (0.27)
时间固定特征	是	是	是	是	是	是
地级市固定特征	是	是	是	是	是	是
R^2	0.879	0.871	0.800	0.790	0.826	0.813
样本数	1039	929	1037	940	711	514

注：括号中数字为 *t*（z）值；***、**、*分别表示在1%、5%和10%统计水平上显著；本章均采用聚类到地级市层面的标准误进行回归。

第五节　研究结论与政策启示

环境规制对城市绿色创新而言是助力还是阻力，是当前中国实现环境规制强度提升和推动城市绿色创新发展的关键问题。为厘清这一问题，本章尝试通过理论分析和实证检验来系统研究环境规制对城市绿色创新的影响及其主要影响机制。研究发现：①环境规制显著促进了城市绿色创新提升，后续替换环境规制强度和城市绿色创新指标的测算方法，以及工具变量法、倍差法等稳健性检验验证了本章主要研究结论的可靠性。②影响机制检验表明，环境规制强度提升可以通过促进城市创新投入显著推动城市绿色创新。③异质性检验表明，相较于西部地区城市以及省会城市，环境规制更有助于东部地区、中部地区以及非省会城市的绿色创新提升。

基于本章上述研究，可以获得如下政策启示：

第一，地方政府可以通过适当提升环境规制压力推动城市绿色创新。本章研究表明，环境规制显著促进了城市绿色创新提升，地方政府在推动地方绿色创新的过程中，在确保环境规制压力合理性的同时，通过环境规制政策的结构性调整，可以更多地让地方相关部门承受环境规制所带来的压力，推动相关企业等部门实现绿色创新，加速部分绿色产业的发展扩张进程。

第二，地方政府应当发挥示范引领作用增加科技创新投入，引导地方企业等创新部门重视增加创新投入。本章研究已经表明，环境规制强度提升可以通过促进城市创新投入显著推动城市绿色创新，因而，地方政府应当充分发挥这一机制的作用，带头增加科技创新投入，并积极出台相关政策推动地方创新投入的持续加大。

第三，不同区位和行政级别的城市环境规制对其绿色创新的影响存在差异，各城市相关部门应当根据城市区位、行政级别等实际情况，出台推动城市实现绿色创新的政策组合。本章研究已经表明，相较于西部地区城市以及省会城市，环境规制更有助于东部地区、中部地区以及非省会城市的绿色创新提升，因此，西部地区城市以及省会城市应该尝试通过出台一系列促进绿色创新的优化措施，全方位发力，确保其在城市层面推动绿色创新的提升，从而为中国实现低碳绿色可持续发展提供强力支撑。

第六章

源头污染治理与企业发展：基于清洁 生产标准政策的准自然实验

第一节 引　言

改革开放四十多年以来，中国经济由高速增长转为中高速增长，中国企业也在由初创企业数量增加后进入成长壮大阶段（朱斌和吕鹏，2020）。就经济增长动力而言，拉詹（Rajan）和津加勒斯（Zingales，1998）发现有 2/3 的动力归因于现有企业规模的扩张，同时，企业规模扩张也是企业实现生存和成长的重要经济目标（Dertouzos & Michael，1989）。在企业由小到大、由弱变强的变革进程中，中国企业不断实现规模提升、结构改善以及功能扩展，其中企业规模的大小最能反映其综合发展程度（李贲和吴利华，2018）。企业规模扩张不仅有助于实现规模经济、规模效益以及规模报酬，具体表现形式为企业资产的增值、销售额的提高、盈利能力提升以及人员增加等方面。并且，作为一种分工组织，企业只有满足一定规模才可以实现物质资源有效利用、人力资本的节约以及交易成本的降低（聂辉华，2003）。因此，在目前国内外市场竞争日趋激烈的形势下，确保中国企业实现有效的企业规模扩张显得尤为重要。

长期以来，党和中央政府支持中国企业规模的良性增长、做大做强（王永进等，2017）。发展预期良好的企业特征是其整体呈现扩张的态势，并不断挖掘未利用资源。2012 年，国务院发布《关于进一步支持小型微型企业健康发展的意见》，更是明确提出要充分挖掘企业规模扩张的潜力，支持规模以下企业升级为规模以上企业。2019 年 12 月，中共中央、国务院发布《关于营造更好发展环境支持民营企业改革发展的实施意见》，进一步要求帮助体量小、资金有限、人力资本匮乏的民营企业提升规模、发展壮大。推动中国企业实现规模扩张无疑具有强烈的现实需求。既有研究中，学者们尝试分析了企业的边界和最佳企业规模问题（Roberts，1998；聂辉华，2003），测算了中国工业企业的规模分布，并进一步检验了关税减让、资源错置对企业规模分布的影响（盛斌和毛其淋，2015；李旭超等，2017）。然而，有关环境规制乃至源头污染治理对企业规模扩张影响的研究依然相对较为少见。

源头污染治理是指将整体预防的环境战略持续应用于生产过程、产品以及服务的治理方式（汪利平和于秀玲，2010），该方式可以有效化解传统"末端治理"造成的污染物变相转移问题（Pang et al.，2019）。为践行源头污染治理理念，自 2003 年以来，中国环境保护部（现中国生态环境部）发布和实施了一系列行业层面的清洁生产标准，共计 16 批涉及 58 项。当前已有学者就中国清洁生产标准实施的影响开展研究，发现清洁生产标准实施能够有效提升企业全要素生产率（韩超和胡浩然，2015；张慧玲和盛丹，2019），促进就业（张彩云等，2017）以及提高出口产品技术复杂度（高翔和袁凯华，2020）。那么，以源头污染治理为治理理念的清洁生产标准是否抑制了企业规模扩张呢？其影响企业规模扩张的主要渠道又是什么？上述问题的解答对于中国环境政策的合理制定以及企业规模的有效扩张均具有重要的理论与实践意义。

为厘清上述问题，本章以清洁生产标准政策实施为准自然实验，采用中国制造业企业微观数据，使用倍差法（DID）系统评估了源头污染治理对于企业规模扩张的影响及其影响机制。本章可能的边际贡献包括以下两个方面：第一，采用倍差法（DID）对源头污染治理的环境政策执行效果进行识别，发现源头污染治理可以有效推动企业规模扩张，相较于已有文献多从企业生产率等视角评估环境政策的执行效果，从企业规模扩张视角展开的分析有效扩展了相关研究的范围。第二，厘清并检验了源头污染治理影响企业规模扩张的主要渠道，发现源头污染治理通过增加企业设备引进、推动产品创新以及债务融资三个渠道推动了企业规模扩张，可以更好地揭示源头污染治理推动企业规模扩张的内在经济学逻辑。

本章其余内容安排如下：第二部分是文献综述与研究假说；第三部分为模型设定、指标构建和数据说明；第四部分是实证结果与分析；第五部分是研究结论与政策启示。

第二节 源头污染治理与企业发展的文献综述与研究假说

一、文献综述

与本章相关的第一类文献研究了环境政策的经济效应。国外较为有代表性的研究中，部分学者探讨了美国《清洁空气法》对企业的影响，格林斯通（Greenstone，2002）发现美国《清洁空气法》会对企业就业、资本存量以及工业产出造成负面影响，而格林斯通等（Greenstone et al.，2012）进一步发现在存续的污染工厂中，严格的空气质量法规导致企业全要素生产率下降大约 2.6%。此后，汉娜（Hanna，2010）又考察了美国的跨国公司对清洁空气法案修正案的反应，发现受管制的企业并没有不成比例地向发展中国家投资。而中国环境政策经济效应的代表性研究中，李树和陈刚（2013）以 2000 年《中华人民共和国大气污染防治法》的修订为准自然实验，发现其修订可以提高空气污染密集型行业的全要素生产率。包群等（2013）则利用 1990 年以来各省市环保立法作为准自然实验，发现地方环保立法只有在执法力度严格或者污染相对严重的省份才能发挥环境改善效果，而盛丹和李蕾蕾（2018）进一步发现地方环保立法具有优化行业资源配置和增加企业出口数量的作用。此外，部分学者集中探讨了两控区政策的经济效应，Lu 等（2012）从企业选址的"避风港"角度检验了两控区政策对企业选址的影响，发现被列为两控区的城市其 FDI 下降了 41%，与之不同，唐杰英（2019）则发现在两控区城市中，环境规制强度提升有助于吸引 FDI 的流入。此外，李卫兵等（2019）发现两控区政策显著抑制了城市全要素生产率提升，而盛丹和张国峰（2019）基于 1995 年和 2004 年经济普查数据展开的研究，同样发现两控区政策将提高生产成本不利于企业全要素生产率提升。

与本章密切相关的另一类文献是有关企业规模的研究。其中，部分学者考察了企业规模的分布，较为有代表性的研究中，阿克斯特尔（Axtell，2001）测算了美国所有纳税企业规模分布，发现企业规模呈现齐夫分布，而李旭超等（2017）则测算了中国企业的规模分布状况，发现中国企业规模的分布偏离了由生产率决定的最优规模。另有部分学者探讨了企业规模分布的影响因素，代表性研究中，卢特默（Luttmer，2007）发现新兴企业进入市场的高成本和技术困境是美国企业的企业规模呈现齐夫分布的重要原因。孙学敏和王杰（2014）则发现环境规制具有使企业规模分布变均匀的作用，而张天华等（2019）进一步发现行政审批制度改革可以提高企业规模分布的帕累托指数，缓解经济扭曲。另一部分文献则集中探讨了企业规模的决定因素。代表性研究中，方明月和聂辉华（2008）研究发现资产专用性、创新、企业利润和产权保护程度与企业规模高度正相关。李等（Li et al.，2012）、陆毅等（2010）则发现产业集聚对企业规模具有正向影响。而夏等（Xia et al.，2018）以中国大型煤炭企业数据为研究样本，发现市场竞争力、区域经济增长以及交易成本等对企业规模扩张均具有正向影响。

综上所述，现有文献中部分学者对中国环境立法、环境政策的经济效应展开了研究，然而，既有研究多是基于各地区环境立法（省级层面）、各区域减排管制（地级市层面）的探讨，对于面向相关行业实施的清洁生产标准的研究相对较少，并且现有环境政策的研究往往忽视了企业规模扩张这一重要视角。因此，在上述已有研究的基础上，本章以行业层面清洁生产标准政策这一准自然实验的实施为契机，通过建立倍差法模型，系统考察清洁生产标准实施对企业规模扩张的影响，并尝试厘清清洁生产标准政策实施影响企业规模扩张的主要渠道。

二、研究假说

以源头污染治理为理念的清洁生产标准强调"源头削减"和"污染物最小量化"，相较于以往"末端治理"的环境政策，清洁生产标准政策更具积极、主动的污染物控制态度，具有良好的环境规制工具特征

（韩超和胡浩然，2015），而一项新的环境规制措施在实施之初会不可避免地给企业带来成本压力，增大企业环保支出（张琦等，2019），例如生产投入材料的革新、污染物检测技术升级以及员工培训成本等。与此同时，"波特假说"认为合理、有效的环境规制措施可以实现环境治理和经济效益提升的作用（Porter & Linder，1995），而已有研究证实清洁生产标准实施具有提升企业利润率的作用（龙小宁和万威，2017）。那么，以源头污染治理为特征的清洁生产标准政策对企业规模有怎样的影响？本章认为相比于以往的基于旧理念的环保政策，清洁生产标准实施后有助于企业转变生产方式，有利于企业摆脱旧有的发展路径，转向更加健康的发展模式，提高成长性和发展空间。由于新模式更符合当前经济发展规律，清洁生产标准的政策效果在企业规模增长方面的影响要大于规制措施带来的抑制效果，继而整体表现为企业规模扩张。

一方面，相较于"末端治理"的传统污染治理方式，以源头污染治理为理念的清洁生产标准政策更加注重节省资源和更高效率的产出（梁劲锐等，2018），这就要求企业优化生产过程、提高装备水平，而引入节能、降耗、增效设备是其必不可少的一环。在具体标准中，例如，《清洁生产标准造纸工业（废纸制浆）》即要求企业提升碱回收系统的装配数量，采用无元素氯漂白技术、全无氯漂白技术，以达到降低工业废水和工业 COD 排放量的目的。那么，引进设备是否会影响企业规模呢？在新古典企业理论中，既定技术条件下，投入的生产要素与企业规模呈正相关（欧阳文和等，2006），无疑属于资本类生产要素的生产设备则会对企业规模造成影响，而现有基于中国省级层面数据的研究也已经证明，清洁生产可以提升地区企业的固定投资（安孟和张诚，2020），因而，以源头污染治理为理念的清洁生产标准政策可以通过促进企业设备引进推动企业规模扩张。

另一方面，除了使用清洁能源、改善生产过程，以源头污染治理为理念的清洁生产的另一项重要内容在于产出清洁产品（Duan et al.，2011），而《中华人民共和国清洁生产促进法》第十四条也已经指出，支持清洁生产技术和有利于环境与资源保护的产品的研究、开发。并且随着近年来消费者环保意识的日趋提升，民众对于绿色、环保产品的需求逐渐增加（张海玲，2019），这一情形促使企业逐步转变生产策略，逐渐放弃了污染程度较高的产品，转而生产污染程度较低的清洁产品，从而不断满足市场上消费者对于环保产品的急切需求，最终推动企业获得新的市场份额，给予企业扩大生产的动力，实现了企业规模的提升。因此，以源头污染治理为理念的清洁生产标准政策可以通过促进企业产品创新推动企业规模扩张。

综合以上两个方面，通过引进和更新设备（固定资产）、产出清洁产品两个方面可以帮助企业实现规模提升。值得考虑的是，以上两个方面的资金来源是否来自股权或债券融资，也就是说，股权或债券融资是否同样是企业规模实现扩张的影响渠道？考虑到企业融资是生产经营活动的重要推动力（梅冬州等，2022），唯有资金支持才得以保证企业的持久续航、行业政策和标准才能不断落实和执行。杨冕等（2022）的研究表明，"十一五"二氧化硫减排计划使企业债务融资水平上升，企业借贷水平提高，利息支出增加，以此购买减排设备和更新生产线。那么企业极有可能采取类似的方式，作为对清洁生产标准的应对方式。因此，基于上述分析，可以认为以利润最大化、实现整体战略为目标的企业可能通过设备引入、产品创新以及扩大债务融资等推动企业规模扩张。

据此，提出如下假说：

假说1：源头污染治理有助于企业规模扩张。

假说2：源头污染治理可以通过促进企业设备引进推动企业规模扩张。

假说3：源头污染治理可以通过促进企业产品创新推动企业规模扩张。

假说4：源头污染治理可以通过债务融资推动企业规模扩张。

第三节　模型设定、指标构建和数据说明

一、模型设定

为有效识别源头污染治理对企业规模扩张的影响，本章采用倍差法（DID）系统检验清洁生产标准政策的实施如何影响企业规模扩张。将实施清洁生产标准的4位数行业作为处理组，未实施的行业作为对照组，设置 treat 作为行业虚拟变量，同时，根据相关行业实施清洁生产标准的时间点，设置时间虚拟变量 time。由于企业受外生冲击后其规模变化需要一定的调整时间，借鉴卢（Lu）和于（Yu）（2015）的方法，将时间虚拟变量 time 向后滞后1期，记为 time01。在传统 DID 模型中，处理组个体接受政策冲击时间点均完全相同，而在本章的研究中，不同处理组个体（4位数行业）接受政策冲击的时间点并不完全一致，因此，借鉴贝克等（Beck et al.，2010）的做法，建立多期 DID 模型。具体模型设定如下：

$$Size_{ijpt} = \beta_0 + \beta_1 treat_{jt} \times time01_{it} + \beta_2 X_{ijpt} + \delta_i + \delta_{pt} + \delta_t + \mu_{ijpt} \quad (6.1)$$

其中，i 表示企业，t 表示年份，p 表示企业所在地区（省份），j 表

示企业所在的 4 位数行业，ι 表示企业在 2 位数行业代码。$Size$ 为因变量表示企业规模。交叉项（$treat \times time01$）反映了清洁生产标准实施对于企业规模的影响。X 为控制变量，包含对企业规模有影响的其他变量。另外，考虑其他特征可能会对企业规模产生的影响，本章添加 2 位数行业固定效应（δ_t）、地区 – 时间（δ_{pt}）以及时间固定效应（δ_t）来减少遗漏变量问题造成的回归结果偏误，μ_{ijpt} 为随机扰动项。

二、指标构建

（一）被解释变量

企业规模（$Size$）。既有文献中企业规模的衡量方法可以划分为以下两类：一是从生产要素存量角度，即生产资料在企业内的聚集程度，所采用指标包括企业资产总额（Zhang et al. , 2019；肖兴志，2019）、企业从业人数（张杰等，2010；毛其淋，2019）等，这类指标的质态和数量及其组合决定着工业企业规模的大小。另一类则是从产出能力角度，例如企业销售收入（Scherer，1965；郭树龙和刘文彬，2017）、主营业务收入（何小钢等，2019）等。销售收入或营业收入是被社会认可的或已经实现的价值量，间接反映了企业综合经营能力，并且作为企业的基本财务指标，其在一定程度上反映了企业的经营规模。综合上述分析，为了能够更为全面地刻画企业规模，本章主要采用企业总资产（$size1$）的对数值来衡量企业规模，并且在稳健性检验中使用企业从业人数（$size2$）以及企业主营业务收入（$size3$）的对数值来衡量企业规模。

(二) 解释变量

交叉项 (treat × time01)。本章对于交叉项的构造依据来源于中国生态环境部官方网站提供的清洁生产标准行业信息。截至目前,共发布16批共计58项的清洁生产标准,其中涉及37个制造业行业标准在本章样本期内。在行业设定方面,由于清洁生产标准并没有指定涉及4位数行业代码,借鉴龙小宁和万威 (2017) 的方法,根据清洁生产标准中的适用业务范围并结合所选取的制造业企业样本,参照《国民经济行业分类 (GB/T 4754—2011)》匹配到对应的4位数行业代码。具体时间设定方面,本章以清洁生产标准的实施时间为标准,如果某4位数行业在第 t 年6月30日以前实施了该标准,则该4位数行业第 t 年及以后年份设置为1;如果某4位数行业在第 t 年6月30日以后实施了该标准,则该4位数行业第 $t+1$ 年及以后年份设置为1。由于清洁生产标准对个别行业进行过修订,本章采用现有研究的一致做法,以该行业第一次实施清洁生产标准政策的时间作为依据。具体,清洁生产标准所涉及行业如表6-1所示。

表6-1 清洁生产标准清单所涉及行业

实施时间	行业类别
2003 年	制革行业 (猪轻革)、石油炼制业、炼焦行业
2006 年	食用植物油工业 (豆油和豆粕)、甘蔗制糖业、啤酒制造业、纺织业 (棉印染)、基本化学原料制造业、氮肥制造业、电解铝业、钢铁行业、汽车制造业 (涂装)
2007 年	乳制品制造业 (纯牛乳及全脂乳粉)、人造板行业 (中密度纤维板)、造纸工业、钢铁行业 (中厚板轧钢)、电镀行业、电解锰行业、化纤行业 (氨纶)、平板玻璃行业

续表

实施时间	行业类别
2008 年	烟草加工业、白酒制造业、钢铁行业（高炉炼铁）、钢铁行业（炼钢）、化纤行业（涤纶）、石油炼制业（沥青）、味精工业、淀粉工业（玉米淀粉）
2009 年	蓄电池工业、合成革工业、葡萄酒制造业、水泥工业、纯碱行业、氯碱工业
2010 年	粗铅冶炼业、铜冶炼业、酒精制造业

数据来源：作者根据中国生态环境部官方网站清洁生产标准涉及行业整理。

（三）控制变量

为尽可能降低遗漏变量造成的影响，本章加入如下控制变量，其中企业层面变量包括：

（1）企业年龄（*age*）：经营时间越长的企业往往有着更加丰富的管理经验和资金基础，其企业规模也会越大，本章采取与徐（Xu，2012）相一致的方法，使用企业创办时间长短来衡量企业年龄，即使用当年年份减去企业成立年份加 1 再取对数对其衡量。

（2）融资约束（*Fin*）：企业进行规模扩张的一个潜在障碍也在于能否获得外部资金，而较高的融资约束往往会抑制企业规模扩张，本章借鉴刘斌等（2015）、毛其淋（2019）的做法，使用利息支出与企业固定资产合计的比值对其进行衡量。

（3）企业利润水平（*profit*）：一般而言，企业会从历年利润中提取一定盈余公积，以作为扩大企业规模和弥补亏损的资金，本章借鉴徐保昌和谢建国（2016）的做法，使用企业利润总额与企业销售收入的比值表示该变量。

（4）企业负债（*debt*）：企业进行外源融资会形成企业负债，这些资金多用于企业运营和扩大企业规模，本章借鉴徐（Xu，2012）的做法，采用企业负债合计与销售收入的比值表示。

（5）企业生产率（*TFP*）：企业生产率较高的企业在市场竞争中更容易获得成本优势，有助于企业规模扩张，考虑到数据的可获得性，本章借鉴李磊等（2018）、毛其淋（2019）的做法，采用固定效应法测算取得。

（6）国有属性（*SOE*）：一般而言，相比于非国有类型企业，地方政府更倾向于扶持国有企业，有利于企业规模扩张，本章借鉴王勇等（2019）的做法，根据企业的登记注册类型信息将国有企业（110）、国有联营企业（141）、国有与集体联营企业（143）和国有独资公司（151）划分为国有类型，此时 $SOE=1$，其他企业则为非国有类型企业，此时 $SOE=0$。

行业层面控制变量包括：

（7）行业对外贸易程度（*ex*）：外贸出口是中国经济增长的主要动力之一，面向国际市场的有关行业更倾向于提升企业规模，本章借鉴王勇等（2019）的方法，采用4位数行业出口总额占销售总产值的比重来衡量。

（8）市场集中度（*HHI*）：市场集中度反映了市场中厂商规模的离散度，过高的市场集中度往往会抑制企业规模扩张，本章借鉴刘斌等（2015）的做法，使用赫芬达尔指数对其进行衡量。

三、数据说明

本章样本数据主要来自中国国家统计局维护的 1998～2013 年中国工业企业数据库。该数据库覆盖了全部国有企业以及规模以上的非国有企业，其中 1998～2010 年数据库中"规模以上"界定为销售额大于500 万元，2011～2013 年"规模以上"是指企业年销售额大于 2000 万元。该数据库中指标来源于各企业年度三大会计报表，即资产负债表、损益表以及现金流量表，并且包含企业代码、企业位置、产业代码以及就业人数等详细信息。虽然该数据库中包含了丰富的企业信息，但是其原始数据中部分样本存在关键指标缺失和异常等情况，因而，本章借鉴于（Yu）（2015）的方法对原始数据做如下处理：第一，剔除缺失关键变量的样本，即删除总资产、固定资产净值和工业销售产值等关键变量缺失的样本；第二，去除企业从业人数小于10人的样本；第三，删除不符合会计基本准则的样本，即流动资产、固定资产、固定资产净值大于总资产的样本；第三，根据研究需要，本章保留了2位数行业代码为13~43的制造业企业，并对被解释变量和控制变量进行前后1%缩尾处理。表6-2汇报了各变量的描述性统计值。

表6-2 描述性统计值

变量		均值	标准差	最小值	中位数	最大值	样本数
被解释变量	$Size1$	9.942	1.426	7.003	9.806	14.027	3638151
	$Size2$	4.870	1.081	2.484	4.852	7.753	3612324
	$Size3$	10.006	1.309	6.306	9.864	13.749	2785630
解释变量	$treat \times time01$	0.043	0.204	0.000	0.000	1.000	3638441
控制变量	age	2.018	0.803	0.000	2.079	3.891	3638350
	$profit$	6.843	2.264	0.000	6.937	11.727	3062216
	$debt$	9.159	1.654	4.927	9.105	13.507	3619754
	Fin	3.835	3.029	0.000	4.521	9.843	3362019
	TFP	0.002	0.400	-1.327	0.000	1.113	2774940
	SOE	0.060	0.238	0.000	0.000	1.000	3638441
	ex	0.196	0.186	0.001	0.122	0.759	3638441
	HHI	146.872	210.146	8.757	73.231	1305.129	3638441

第四节 源头污染治理对企业发展影响的
实证结果与分析

一、基本回归

在回归分析之前，首先检验了解释变量之间的方差膨胀因子，结果表明各变量方差膨胀因子均介于 $1.01 \sim 1.44$，排除了解释变量之间存在多重共线性的可能。表 6-3 报告了以企业总资产的对数（$size1$）作为被解释变量的固定效应回归结果。由表 6-3 中回归结果可以发现，模型（1）~模型（6）中 $treat \times time01$ 的回归系数均为正数，并且均满足在 1% 统计水平上显著，这表明源头污染治理显著推动了企业规模扩张，并且在逐步添加其他控制变量的情形下，这一结果依然保持稳定。这表明虽然源头污染治理可能增加成本负担、环保支出，但其仍然符合企业的整体战略目标，本章假说 1 得到验证。

其他控制变量的结果中，企业年龄的回归系数显著为正，这表明经营时间较长的企业，其丰富的管理经验和良好的品牌基础都将有利于企业进一步扩张自身规模。企业利润水平的回归系数显著为正，这表明企业盈利水平越高，越有能力扩张企业规模（方明月和聂辉华，2008）。企业负债的回归系数显著为正，说明企业提升负债水平、获得外源融资对于提升企业规模是十分重要的。融资约束的回归系数显著为负，这表明企业筹资成本高、融资来源受限等问题会抑制企业规模（Kumar et al.，2001）。企业生产率回归系数显著为正，说明生产效率的提高将对企业规模扩大发挥积极作用。国有属性的回归系数显著为正，说明相比于其他所有制企业，国有属性其所具有的独特优势更有助于提升企业规模。行业对外贸易程度的回归系数显著为正，这表明面向国际市场的外贸行业的产品销路广，具有更大的发展潜力，有利于实现企业规模扩张。市场集中度的回归系数为负，表明在市场集中度变高，市场竞争强度降低对企业规模扩张将产生不利影响。

表 6 - 3 基准回归结果

变量	（1）	（2）	（3）	（4）	（5）
$treat \times time01$	0.018 *** (8.76)	0.015 *** (7.21)	0.011 *** (9.34)	0.009 *** (4.97)	0.009 *** (4.98)
age		0.157 *** (207.86)	0.046 *** (87.15)	0.043 *** (75.88)	0.044 *** (75.97)
$profit$		0.120 *** (544.43)	0.083 *** (491.07)	0.071 *** (366.17)	0.071 *** (366.14)
$debt$			0.520 *** (1771.14)	0.544 *** (1609.11)	0.544 *** (1609.03)
Fin			- 0.021 *** (- 173.41)	- 0.022 *** (- 158.13)	- 0.022 *** (- 158.19)
TFP				0.002 *** (3.46)	0.002 *** (3.40)
SOE				0.072 *** (30.44)	0.072 *** (30.41)
ex					0.008 ** (2.42)
HHI					- 0.001 *** (- 13.15)
常数项	9.038 *** (826.73)	8.117 *** (764.27)	4.105 *** (629.21)	3.998 *** (568.44)	3.991 *** (565.52)

续表

变量	（1）	（2）	（3）	（4）	（5）
行业固定效应	是	是	是	是	是
地区－时间固定效应	是	是	是	是	是
时间固定效应	是	是	是	是	是
样本数	3638151	3061900	2816690	2126426	2126426
R^2	0.356	0.441	0.481	0.408	0.408

注：所有回归均采用聚类到4位数行业层面的标准误进行回归；*、** 和 *** 分别表示在10%、5%和1%水平上显著；括号内为 t 统计量。

二、稳健性检验

（一）其他替代变量

为了进一步验证前文回归结果的可靠性，本章采用企业规模的其他衡量方法对基本计量模型进行估计，即将被解释变量替换为企业从业人数（$size2$）、企业主营业务收入（$size3$）。表6-4报告了替换企业规模衡量指标后的回归结果，模型（1）交叉项系数在5%统计水平显著为正值，模型（2）~模型（4）中回归结果中可以看出，交叉项的回归系数均在1%统计水平上显著为正，这表明在更换企业规模衡量指标后，源头污染治理依然对企业规模扩张具有显著的正向影响。具体原因可能在于：一方面，源头污染治理的创新补偿效应、要素互补效应对就业的拉动大于要素替代、产出效应对就业的挤出（张彩云等，2017），提高了企业内雇员人数，从而有助于实现企业规模扩张；另一方面，源头污染治理实施能够提高企业生产、经营活动的实际业务收入，可以提升企业综合经营能力，进而扩大企业规模。本章研究假说1的可靠性得到进一步验证。

表 6 - 4 其他替代指标的估计结果

变量	(1)	(2)	(3)	(4)
	企业从业人数		企业主营业务收入	
$treat \times time01$	0.004 ** (2.41)	0.006 *** (2.83)	0.047 *** (16.22)	0.025 *** (16.02)
控制变量	否	是	否	是
行业固定效应	是	是	是	是
地区 - 时间固定效应	是	是	是	是
时间固定效应	是	是	是	是
样本数	3612324	2126426	2785630	2126426
R^2	0.248	0.131	0.224	0.350

注：所有回归均采用聚类到4位数行业层面的标准误进行回归；* 、** 和 *** 分别表示在 10%、5%和1%水平上显著；括号内为 t 统计量。

（二） 共同趋势检验与时间效应

本章借鉴毛其淋和王澍（2019）的方法，将模型交叉项中时间虚拟变量提前1年（$post_{-1}$）、提前2年（$post_{-2}$）、提前3年（$post_{-3}$）以及模型设定实施当年（$current$）、后续1年（pre_{+1}）、后续2年（pre_{+2}）与 $treat$ 构成交叉项建立方程，检验政策的平行趋势以及清洁生产标准政策影响的动态变化。表 6 - 5 报告了估计结果，从模型（1）~ 模型（3）的结果中可以发现，在虚拟变量提前期的相关年份，交叉项的系数均未通过10%水平显著性检验，这表明在源头污染治理实施前，处理组和对照组企业无显著差异，可以满足平行趋势假设。

在模型设定的实施当年及后续年份结果中：模型（1）各年份交叉项的回归系数在实施当年满足5%水平显著为正，后续年份在1%水平显著为正，原因在于：源头污染治理实施之初企业疲于应对，但随着设备不断引入，企业总资产增加，进而提升了企业规模。模型（2）各年份交叉项的回归系数在实施当年满足5%水平显著为正，后续年份在1%水平显著为正，原因在于：随着企业陆续推出清洁产品，市场份额增加，需要引入更多员工从事生产（张彩云等，2017），从而扩大企业规模。模型（3）各年份交叉项的回归系数在实施当年满足10%水平显著为正，后续年份在1%水平显著为正，原因在于：满足市场需求的清洁产品能够提升企业收入、扩大企业规模。另外，从回归结果的边际效果可以看出，模型（3）的回归系数要大于模型（1）和模型（2），表明源头污染治理对企业主营业务收入的促进作用要大于其他两类企业规模衡量指标。

表6-5   平行趋势检验及时间效应

变量	（1） 企业总资产	（2） 企业从业人数	（3） 企业主营业务收入
$treat \times post_{-3}$	-0.001 （-0.28）	0.008 （1.44）	0.001 （0.56）
$treat \times post_{-2}$	0.006 （1.60）	0.005 （1.09）	0.003 （0.11）
$treat \times post_{-1}$	0.004 （1.04）	-0.006 （-1.48）	0.001 （0.24）
$treat \times current$	0.009 ** （2.44）	0.009 ** （2.02）	0.019 * （1.85）
$treat \times pre_{+1}$	0.018 *** （3.20）	0.011 *** （4.92）	0.019 *** （15.68）
$treat \times pre_{+2}$	0.020 *** （11.38）	0.014 *** （3.07）	0.033 *** （10.69）
控制变量	是	是	是
行业固定效应	是	是	是
地区-时间固定效应	是	是	是

续表

变量	(1) 企业总资产	(2) 企业从业人数	(3) 企业主营业务收入
时间固定效应	是	是	是
样本数	2126426	2126426	2126426
R^2	0.222	0.139	0.450

注：所有回归均采用聚类到4位数行业层面的标准误进行回归；*、** 和 *** 分别表示在 10%、5% 和 1% 水平上显著；括号内为 t 统计量。

（三）基于倾向得分匹配法的估计

为了尽可能减少样本选择偏差带来的估计偏误，本章采用倾向得分匹配法（PSM）为实施清洁生产标准的企业筛选特征相似的对照组。在特征变量选取方面，本章将基本回归方程（6.1）中控制变量作为样本筛选的特征变量。在匹配方法选取上，为避免因匹配方法和选取比例不同而形成的误差，本章共采取两种方法：第一类借鉴贝克尔（Becker）和安德里亚（Andrea，2002）、利安等（Lian et al.，2011）的做法，选用最近邻匹配法（Nearest Neighbor Matching），该方法按处理个体寻找控制个体，可以做到有效利用处理组信息，在学术界应用最为广泛，本章采用1:3比例和1:5比例进行匹配；第二类借鉴阿巴迪（Abadie）等（2004）的做法，选用半径匹配（Radius Matching），依照设定半径范围寻找样本，且半径越小要求越严格，本章选择半径0.05和0.1进行匹配，以此作为前面方法的补充。最后，利用筛选后的样本进行回归分析。

表6-6为最近邻匹配法获得样本的估计结果，其中模型（1）、模型（3）、模型（5）为1:3比例，模型（2）、模型（4）、模型（6）为1:5比例，结果显示在添加控制变量的条件下，交叉项系数均显著为正。

表 6－7 为半径匹配法获得样本的估计结果，其中模型（1）、模型（3）、模型（5）设置半径为 0.05，模型（2）、模型（4）、模型（6）设置半径为 0.1，结果显示在添加控制变量的条件下，交叉项系数均显著为正。以上结果表明，在剔除个体特征差异较大的样本后，源头污染治理依然有助于企业规模扩张，进一步验证了本章假说 1 的可靠性。

表6－6　　　　　　　　　最近邻匹配法获得样本的估计结果

变量	（1）	（2）	（3）	（4）	（5）	（6）
	企业总资产		企业从业人数		企业主营业务收入	
$treat \times time01$	0.026 *** (7.42)	0.024 *** (7.92)	0.014 *** (3.35)	0.008 ** (2.21)	0.035 *** (9.83)	0.032 *** (10.87)
控制变量	是	是	是	是	是	是
行业固定效应	是	是	是	是	是	是
地区－时间固定效应	是	是	是	是	是	是
时间固定效应	是	是	是	是	是	是
样本数	260444	370769	260444	370769	260444	370769
R^2	0.301	0.322	0.334	0.243	0.279	0.201

注：所有回归均采用聚类到 4 位数行业层面的标准误进行回归；＊ 、＊＊ 和 ＊＊＊ 分别表示在 10%、5% 和 1% 水平上显著；括号内为 t 统计量。

表6－7　　　　　　　　　半径匹配法获得样本的估计结果

变量	（1）	（2）	（3）	（4）	（5）	（6）
	企业总资产		企业从业人数		企业主营业务收入	
$treat \times time01$	0.025 *** (7.60)	0.021 *** (7.25)	0.009 ** (2.45)	0.003 *** (10.07)	0.034 *** (10.53)	0.033 *** (11.79)
控制变量	是	是	是	是	是	是
行业固定效应	是	是	是	是	是	是

续表

变量	（1）	（2）	（3）	（4）	（5）	（6）
	企业总资产		企业从业人数		企业主营业务收入	
地区－时间固定效应	是	是	是	是	是	是
时间固定效应	是	是	是	是	是	是
样本数	228746	317052	228746	317052	228746	317052
R^2	0.315	0.327	0.141	0.144	0.292	0.209

注：所有回归均采用聚类到4位数行业层面的标准误进行回归；*、** 和 *** 分别表示在 10%、5% 和 1% 水平上显著；括号内为 t 统计量。

三、影响渠道

由本章前文研究结论可以发现，源头污染治理显著推动了企业规模扩张，那么，值得我们进一步考虑的是，源头污染治理通过哪些途径促进了企业规模扩张？其中的影响渠道又是怎样的？为了有效回答上述疑问并验证本章假说2和假说3，采用与盛丹和李蕾蕾（2018）、张等（Zhang et al.，2019）、毛其淋和王澍（2019）一致的方法来对影响渠道进行检验。具体来说，影响渠道检验共包括以下两步：第一步先检验源头污染治理对渠道变量的影响，第二步再在基准方程（6.1）的基础上引入三重交叉项，具体模型设定如下：

$$Fixed_{jt} = \tau_0 + \tau_1 treat_{jt} \times time01_{it} + \tau_2 X_{ijpt} + \delta_j + \delta_{pt} + \delta_t + \mu_{ijpt} \quad (6.2)$$

$$Size_{ijpt} = \nu_0 + \nu_1 treat_{jt} \times time01_{it} + \nu_2 treat_{jt} \times time01_{it} \times Fixed_{jt} + $$
$$\nu_3 Fixed_{jt} + \nu_4 X_{ijpt} + \delta_\iota + \delta_{pt} + \delta_t + \mu_{ijpt} \quad (6.3)$$

$$New_{jt} = \alpha_0 + \alpha_1 treat_{jt} \times time01_{it} + \alpha_2 X_{ijpt} + \delta_j + \delta_{pt} + \delta_t + \mu_{ijpt} \quad (6.4)$$

$$Size_{ijpt} = \lambda_0 + \lambda_1 treat_{jt} \times time01_{it} + \lambda_2 treat_{jt} \times time01_{it} \times New_{jt} + $$
$$\lambda_3 New_{jt} + \lambda_4 X_{ijpt} + \delta_\iota + \delta_{pt} + \delta_t + \mu_{ijpt} \quad (6.5)$$

$$Fina_{jt} = \alpha_0 + \alpha_1 treat_{jt} \times time01_{it} + \alpha_2 X_{ijpt} + \delta_j + \delta_{pt} + \delta_t + \mu_{ijpt} \quad (6.6)$$

$$Size_{ijpt} = \lambda_0 + \lambda_1 treat_{jt} \times time01_{it} + \lambda_2 treat_{jt} \times time01_{it} \times Fina_{jt} +$$

$$\lambda_3 Fina_{jt} + \lambda_4 X_{ijpt} + \delta_\iota + \delta_{pt} + \delta_t + \mu_{ijpt} \quad (6.7)$$

其中，交叉项 $treat_{jt} \times time01_{it}$ 以及控制变量 X 与式（6.1）设置保持一致，$Size$ 是以企业总资产对数衡量的企业规模。方程（6.2）和方程（6.3）中，$Fixed$ 表示设备引进，本章借鉴马述忠和张洪胜（2017）的做法，采用企业固定资产取对数对其进行衡量。方程（6.4）和方程（6.5）中，NEW 表示产品创新，由于中国工业企业数据库中部分企业年度新产品产值为 0，直接取对数将会造成大量样本缺失，本章借鉴毛其淋（2019）的方法，使用新产品产值加 1 的对数值来对其进行衡量。菲娜（$Fina$）表示债务融资，借鉴杨冕等（2022）的方法，采用企业利息支出与负债总额的比值对其进行衡量。

表 6-8 报告了影响渠道检验的结果。模型（1）汇报了方程（6.2）的回归结果，可以发现交叉项系数显著为正，这表明源头污染治理显著提升了企业固定资产，即设备的引入增加。原因在于：企业开展源头污染治理需要引进节能、增效的生产设备，加大资本类生产要素投入，提升了企业规模，本章研究假说 2 得到验证。模型（2）汇报了方程（6.3）的结果，其中三重交叉项系数显著为正，说明源头污染治理可以通过促进设备引进推动企业规模扩张，支持了本章前文的研究结论。模型（3）汇报了方程（6.4）的回归结果，可以发现交叉项系数显著为正，表明源头污染治理可以促进产品创新。原因在于：开展源头污染治理的企业将产品重心转移到更受欢迎的环保产品上面，从而获得更高的市场份额，进而提升企业规模，本章研究假说 3 得到验证。模型（4）汇报了方程（6.5）的结果，其中三重交叉项系数显著为正，说明源头污染治理可以通过促进企业产品创新推动企业规模扩张，支持了本章前文的

研究结论。模型（5）汇报了方程（6.6）的回归结果，可以发现交叉项系数显著为正，说明源头污染治理需要更多融资支持，通过增加债务获取资金是一种必要方式。模型（6）汇报了方程（6.7）的结果，其中三重交叉项系数显著为正，说明源头污染治理可以通过债务融资推动企业规模扩张，支持了本章前文的研究结论，本章研究假说4得到验证。

表6-8　　　　　　　　　　　　　影响渠道检验

变量	设备引进		产品创新		债务融资	
	第一步（1）	第二步（2）	第一步（3）	第二步（4）	第一步（5）	第二步（6）
$treat \times time01$	0.009*** (2.78)	0.022*** (3.23)	0.025** (2.51)	0.013*** (6.50)	0.024* (1.82)	0.226*** (4.32)
$treat \times time01 \times Fixed$		0.001** (2.44)				
$treat \times time01 \times New$				0.003*** (5.42)		
$treat \times time01 \times Fina$						0.005** (2.73)
$Fixed$		0.326*** (156.42)				
New				0.008*** (59.68)		
$Fina$						-0.140* (-1.94)
控制变量	是	是	是	是	是	是
行业固定效应	是	是	是	是	是	是
地区-时间固定效应	是	是	是	是	是	是
时间固定效应	是	是	是	是	是	是
样本数	2126426	2126426	1945410	1945410	2027658	2027658
R^2	0.258	0.321	0.290	0.203	0.482	0.437

注：所有回归均采用聚类到4位数行业层面的标准误进行回归；*、**和***分别表示在10%、5%和1%水平上显著；括号内为 t 统计量。

四、拓展性研究

由本章前文研究结果中可以看出，源头污染治理显著推动了企业规模扩张。那么，源头污染治理对企业规模扩张的影响是否会因企业规模不同而有差异呢？部分学者认为企业规模不同，其应对规制的成本会有差异（欧阳文和等，2006；龙小宁和万威，2017），因而政策效果也会不一样。为厘清这一问题，本章借鉴李蕾蕾和盛丹（2018）的方法，将以企业总资产衡量的企业规模在其分布的5%、25%、50%、75%和95%分位点处进行分组，在此基础上，系统检验源头污染治理对企业规模扩张的影响。表6-9反映了分组后的回归结果，可以发现：对于企业规模在95%分位以下的企业，源头污染治理均可以显著推动企业规模扩张，而对于企业规模在95%分位以上的企业，这一影响并不显著，其原因在于：对于规模在95%分位以上的企业而言，其总体产品清洁程度往往更高，且企业运营管理也均较为成熟，源头污染治理并不会对其生产运营造成显著影响，因而，源头污染治理对其规模扩张造成的影响也并不显著。

表6-9 分组回归结果

变量	(1)	(2)	(3)	(4)	(5)	(6)
	< P5	P5 ~ P25	P25 ~ P50	P50 ~ P75	P75 ~ P95	> P95
$treat \times time01$	0.035 *** (6.09)	0.004 ** (1.99)	0.013 *** (2.98)	0.011 ** (2.35)	0.003 ** (2.11)	0.008 (1.17)
控制变量	是	是	是	是	是	是
行业固定效应	是	是	是	是	是	是

续表

变量	(1)	(2)	(3)	(4)	(5)	(6)
	< P5	P5 ~ P25	P25 ~ P50	P50 ~ P75	P75 ~ P95	> P95
地区 - 时间固定效应	是	是	是	是	是	是
时间固定效应	是	是	是	是	是	是
样本数	135756	542764	584772	468385	319131	75618
R^2	0.249	0.294	0.248	0.340	0.346	0.327

注：所有回归均采用聚类到4位数行业层面的标准误进行回归；* 、** 和 *** 分别表示在10%、5%和1%水平上显著；括号内为 t 统计量。

第五节　研究结论与政策启示

秉持源头污染治理理念，推动清洁生产标准政策实施，对于中国制造业企业的规模扩张与绿色可持续发展均具有重要的现实意义。本章以清洁生产标准的实施作为准自然实验，基于1998 ~ 2013 年中国制造业企业微观数据，使用倍差法（DID），实证检验了源头污染治理对于中国企业规模扩张的影响及其影响机制。实证研究发现：①源头污染治理显著推动了中国制造业企业规模扩张。为验证上述研究结论的可靠性，本章利用不同角度的企业规模替代指标、共同趋势检验和时间效应检验、倾向得分匹配法，充分验证了这一结论稳健性。②影响渠道方面，本章运用两步法，即直接回归与引入三重交叉项相结合的办法，验证了源头污染治理可以通过促进设备引进、产品创新以及债务融资三条途径推动企业规模扩张。③拓展性研究表明，源头污染治理对于位于企业规模分位数95%以下的企业均具有显著的促进作用。

本章上述研究结论具有重要的政策启示：

第一，积极推动源头污染治理落于实处，引导企业努力践行源头污染治理理念。在源头污染治理政策的实施之初，部分企业可能因为担心生产成本上升等问题，对于源头污染治理政策的执行不够彻底，而本章研究已经表明，实施源头污染治理对企业实现规模扩张具有显著的促进作用，显然，企业对源头污染治理负面效应的担心是不合理的，因此，相关部门应当积极引导企业转变运营思维，积极接纳源头污染治理的先进理念。

第二，推动企业引进降耗增效的新型设备，并给予相应的政策扶持。在推进源头污染治理的过程中，积极引入新型设备、淘汰传统落后的老旧设备有利于企业扩大生产、提升企业规模，为更好地推动企业引进降耗增效的新型设备，相关部门应当给予目标企业相应的税收优惠、设备补贴等政策支持，帮助转型企业快速实现降耗增效。

第三，引导企业实施产品创新，实现产品清洁化。源头污染治理的推进过程中，政府应鼓励企业推动产品创新研发，在确保企业新产品绿色清洁的基础上，适应不断变化的市场需求。随着近年来，中国绿色生态体系的构建和"双碳"目标的提出，民众对于清洁绿色产品的需求日趋旺盛，相关部门应当进一步引导企业推动源头污染治理，实现绿色产品创新，方能满足不断上升的市场需求和消费者偏好，进而为企业自身规模扩张提供持久动力。

第七章

市场整合与企业绿色创新：
提质抑或增量？

第一节　引　　言

当前，中国经济已从"高增速"发展模式逐步切换到"高质量"发展模式，但过去粗放的经济发展方式加重了生态环境负担，导致经济增长的质量和效益不高。要想真正实现经济高质量发展，就必须克服以往的路径依赖，充分考虑改善环境质量，加快转变发展方式。党的十九届五中全会提出要坚持绿水青山就是金山银山的理念，推动绿色、低碳、循环发展，坚持走经济发展与环境保护协同共进的道路，实现经济发展和环境保护之间的良性互动。绿色创新因为具有环境和经济的双重效益成为实现上述发展道路的有效手段（孙燕铭和谌思邈，2021；董会忠等，2021）。但由于单纯追求创新的"数量"和"速度"，而忽略了创新质量，导致企业创新一直存在"量高质低"的问题。较低的创新质量不仅对企业效益的贡献不显著（蔡绍洪和俞立平，2017），也无益于企业长期价值培养，唯有蕴含技术进步的实质性创新才能提高创新质量，增强企业核心竞争力，促进企业发展（黎文靖和郑曼妮，2016）。然而，绿色技术创新在质量上的提高不仅需要企业自身的创新动力，同时也需要更为丰富的创新要素和资源配置效率。割裂的市场不仅阻碍创新要素流动，还会通过降低资源配置效率引发资源错配，导致企业研发投入的外在条件无法得到满足，阻碍创新的积极性。因此，要实质性地提高企业绿色创新水平，推动企业绿色转型，最为重要的外在条件是从根本上加速市场整合、构建全国统一大市场。2022 年 4 月，《中共中央　国务院关于加快建设全国统一大市场的意见》发布，明确了加快建设全国统一大市场的五大重点任务，为全国市场整合提供了进一步的政策指导。

既有文献大多从市场分割的角度间接探讨市场整合的创新效应。"需求引致"是促使微观企业开展创新活动的重要外在激励（Scherer，1982），市场分割造成中国本土市场整体需求规模被人为地分割和裂解，导致"需求引致创新"功能无法充分发挥，降低企业自主创新的积极性（张杰和周晓艳，2011；康志勇，2012）。除国内市场需求外，企业出口也可以通过扩大国外市场需求激励企业创新，从而形成对企业创新的"双重市场激励"。但市场分割造成国际市场替代国内市场，出现国内需求规模萎缩而国外市场扩张的情况，削弱"双重市场"对企业创新的激励效应（卿陶和黄先海，2022）。还有部分学者从资源配置角度出发，如戴魁早和刘友金（2016）发现要素市场扭曲使资源无法实现最优配置，抑制高技术产业创新绩效的提升。吕承超和王媛媛（2019）发现金融市场分割导致信贷配置不均衡和信贷资金利用效率低下，不利于民营企业技术创新产出的增加。更进一步，俞立平等（2022）研究市场分割对创新数量和创新质量的影响，得出了市场分割正向影响企业创新数量，负向影响企业创新质量的结论。综上所述，现有文献直接从市场整合角度研究研究企业创新的文献很少，尚未有文献探讨市场整合和企业绿色创新两者之间的关系。

基于此，本章通过区分绿色专利申请数量和质量来考察市场整合对企业绿色创新能力的影响，并讨论该影响在创新水平、行业以及企业规模的异质性。基于2011～2017年长三角地区A股上市公司的绿色专利数据，本章实证检验了市场整合对企业绿色创新数量和质量的影响。研究发现：第一，市场整合显著提升了上市公司的绿色创新质量，但对绿色创新数量的影响不显著。第二，市场整合通过缓解融资约束和加大研发投入促进了企业绿色创新质量提升。第三，市场整合对绿色创新质量的影响在小规模企业、专利密集型企业以及高创新水平企业中更加显著，对绿色创新数量的影响在专利密集型企业和大规模企业中更加显著。

本章可能的边际贡献在于：第一，拓展了市场整合对微观企业行为的研究领域。目前鲜少有文献研究市场整合与企业创新的关系，考虑到绿色创新具有经济和环境双重效益，本章从绿色创新角度研究市场整合对其的影响。第二，丰富了从外部环境角度研究企业绿色创新的文献。现有关于外部环境影响企业绿色创新文献大多从环境规制以及环境政策等角度展开，本章重点研究市场整合这一市场环境因素对企业绿色创新的影响。第三，考察了市场整合影响企业绿色创新的作用机制，分析发现市场整合可能通过缓解融资约束和加大研发投入两个途径促进企业绿色创新，为推动要素市场整合、进一步夯实企业绿色创新发展的资源基础提供实证层面的支持。

本章剩余部分安排如下：第二部分是制度背景与研究假说，第三部分是研究设计，第四部分是实证分析，第五部分是机制分析，第六部分是研究结论和政策启示。

第二节　制度背景与研究假设

一、制度背景

长三角区域经济联动发展由来已久。早在改革开放后，国家便开始探索试验推动长三角区域经济协调发展，并于 1982 年和 1983 年分别成立"上海经济区"和其领导机构——国务院上海经济区规划办公室，范围包括上海、苏州、无锡、常州、南通、杭州、嘉兴、湖州、宁波和绍兴 10 个城市。其间探索建立经济区省、市长联席会议制度和长江沿岸中心城市经济协调会协同治理平台。然而，这一探索过程于 1988 年国家计委撤销上海经济区规划办公室而中止。此后，自发性的区域经济合作开始启动，1997 年，最初的上海等 10 个城市和舟山、扬州、南京、镇江、泰州共 15 市组成新的经济协调组织——长江三角洲城市经济协调会，密切了长三角之间的经济往来，助力长三角一体化发展。

进入 21 世纪以来，长三角一体化成员不断增加，开启"15 + N"扩容模式。2003 年浙江省台州市被接纳为新成员，2010 年盐城、金华、淮安、衢州、合肥、马鞍山 6 个城市正式入会，长三角成员扩大到 22 市，从沪江浙"两省一市"扩展至沪江浙皖"三省一市"。自此之后，长三角缩短纳新的时间间隔，2013 年芜湖、滁州、淮南、徐州、宿迁、连云港、丽水、温州 8 个城市加入，2018 年安徽的安庆、池州、铜陵和宣城被纳入其中，至此，长三角实现江浙沪 34 市全覆盖。需要特别提及的是，同年 11 月，长三角区域一体化发展上升为国家战略，进入发展的全新时代。2019 年安徽的蚌埠、黄山、六安、淮北、宿州、亳州和阜阳 7 个城市入会。至此，经过五次扩容后，长三角已覆盖江浙沪皖三省一市全域，迎来发展新机遇。目前，长三角地区已形成高度整合的区域市场（唐为，2021），实现了要素和资源在更大范围流动共享。长三角地区坚持生态优先、绿色发展的理念，通过建设生态绿色一体化发展示范区以推动一体化更高质量发展，夯实绿色发展基础。

二、研究假说

当前中国企业创新多是为寻求政府扶持和迎合政府监管而追求速度和数量的策略性创新行为，创新质量被严重忽略（安同良等，2009；黎文靖和郑曼妮，2016），未能真正提高企业技术竞争力。唯有蕴含技术进步和创新质量的实质性创新才可以提高企业核心竞争力，促进企业发展（韩凤芹和陈亚平，2021）。类似于专利分类，绿色专利可以划分为绿色发明专利和绿色实用新型专利。与绿色实用新型专利相比，绿色发明专利包含显著的技术进步和创造性（马永强等，2021；宋德勇等，2022），更能体现绿色创新质量，有利于提高企业竞争优势，改善企业经营绩效（王珍愚等，2021）。市场整合一方面促进资金、人力以及技术等创新要素的跨区域自由流动，提高资源的有效配置程度（Restuccia & Rogerson，2013），增加企业创新资源的可得性，这有利于降低企业创新活动的不确定性，促使企业开展推动技术进步和产品升级的实质性创新活动。另一方面，市场整合提高了市场准入，更多的企业可以进入外地市场，大大加剧了市场竞争程度，企业为了更好地生存必定会提升绿色创新质量。基于以上分析，本章提出如下研究假说：

假说 1：市场整合会促使企业进行高质量的实质性绿色创新，即市场整合会显著提高企业绿色发明专利数量。

与一般性创新活动相似，绿色创新也需要大量的资金和人力资本投入（李青原和肖泽华，2020；王旭和褚旭，2022），但企业内部资源是有限的，特别是资金资源，往往需要通过外部融资获得足够的资金（艾永芳和孔涛，2021）。然而，由于中国市场发展不完善，资金存在无法合理配置、配置效率低下等问题（吕承超和王媛媛，2019），企业难以获得信贷资金。同时，企业绿色研发过程中极可能发生核心技术外溢，因此企业缺乏信息披露的动机，导致企业与银行等信贷机构之间存在信息不对称，这也是导致企业面临融资约束的重要原因（Fazzari et al.，1987；Kaplan & Luigi，1997），阻碍企业进行绿色创新。市场整合可以缓解企业的融资约束问题，一方面，市场整合有利于资金资源的跨区域流动，增加了企业获得信贷资金的可能性；另一方面，市场整合程度提高有利于银行等机构更加方便快捷地获取企业信息，降低银企之间的信息不对称，从而将更多企业纳入信贷服务范围之内，缓解企业面临的融资约束，为企业创新活动提供足够的资金保障，提高企业开展绿色创新的积极性。

国内市场非一体化造成市场信号传递功能受阻、供求机制不能发挥双向调节作用（刘志彪和孔令池，2021），导致企业与需求方存在信息不对称，所以企业研发投资存在一定的盲目性，难以满足市场需求，导致研发成果难以转化为市场价值，倒逼企业放弃研发投入（艾永芳和孔涛，2021）。此外，地方政府的一系列保护行为会使企业陷入一种"自我安逸"状态，降低企业主动参与市场竞争的积极性，失去了进行技术创新的动力（卞元超和白俊红，2021），这也会导致企业研发投入不足。市场整合程度的提高打破了贸易壁垒，企业不仅要面对本地企业的竞争，还要面对来自外地企业的竞争，为提高自身竞争实力和维持必要的生存空间，企业必定会加大研发投入。此外，高市场整合度往往伴随着更高的经济水平，使得人们对环境品质有更高的要求，加之消费者环保意识的不断增强（杨晓辉和游达明，2021），消费者对绿色产品的需求也会持续上升，这些都会在一定程度上激励企业加大绿色创新研发投入，提高企业绿色创新绩效。基于以上分析，本章提出如下研究假说：

假说2：市场整合可以通过缓解融资约束和加大研发投入两个途径影响企业绿色创新能力。

第三节　市场整合对企业绿色创新影响的研究设计

一、样本选择与数据来源

为研究市场整合对企业绿色创新的影响，本章以中国长三角地区2011～2017年沪深A股上市公司的数据为样本，同时删除金融类上市公司、被标记为ST以及相关财务数据缺失的样本。对于企业专利申请数据，采用与李青原和肖泽华（2020）、邓玉萍等（2021）相一致的方法，将从中华人民共和国国家知识产权局获取的上市公司专利分类代码，与世界知识产权组织（WIPO）"国际专利绿色分类清单"中的绿色专利IPC分类号进行匹配，得到企业每年的绿色专利申请数量。为了体现在创新程度和价值方面的差异，本章将绿色专利申请划分为绿色发明专利申请和绿色实用新型专利申请。其他上市公司经济特征数据来自

CSMAR 数据库。地级市商品零售价格分类数据来自历年《上海统计年鉴》《浙江统计年鉴》《安徽统计年鉴》以及江苏省各个城市的统计年鉴。将上述数据匹配之后，对主要连续变量进行 1% 和 99% 分位的 winsorize 处理，最终得到 3707 个企业年度观测值。

二、变量说明

（一）被解释变量：绿色创新

参考吴力波等（2021）、马永强等（2021）以及王馨和王营（2021）的研究，基于创新产出的角度，采用三种指标衡量企业绿色创新：绿色专利申请数量，为绿色发明专利申请与绿色实用新型专利两者之和；绿色发明专利，由于其可以推动技术进步和产品升级，属于高技术水平的绿色创新，可用来衡量绿色创新质量；绿色实用新型专利，用以衡量绿色创新数量。此外，考虑到专利申请数量的右偏分布问题，将所有企业专利申请数量加 1 的自然对数作为被解释变量。

（二）核心解释变量：市场整合

参考毛其淋和盛斌（2012）、徐保昌和谢建国（2016）等采用相对价格法计算市场整合指数的基础上，本章选取长三角地区 36 市①商品零售价格分类指数中的食品、饮料烟酒、服装鞋帽、纺织品、家用电器及音像器材、文化办公用品、体育娱乐用品、日用品、交通通信用品、

---

① 由于扬州市、宿迁市、泰州市、六安市以及池州市缺少相应年份的商品零售价格分类指数数据，因此本章选取上海市、江苏省、浙江省以及安徽省三省一市 36 个城市测算市场整合指数。

家具、化妆品、金银首饰、中西药品及医疗保健用品、书报杂志及电子
出版物、燃料、建筑材料及五金电科16种商品零售价格分类指数计算
市场整合指数，计算出的数据更加可靠具体计算步骤如图7-1所示：

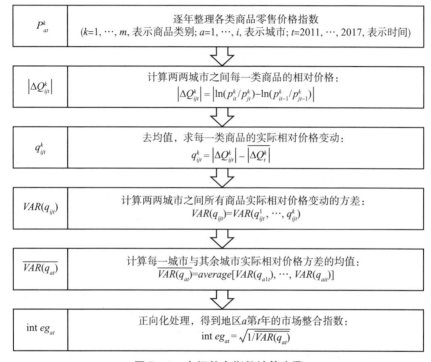

$$\begin{array}{|c|c|}
\hline
P_{at}^k & \text{逐年整理各类商品零售价格指数} \\
& (k=1,\cdots,m, \text{表示商品类别}; a=1,\cdots,i, \text{表示城市}; t=2011,\cdots,2017, \text{表示时间}) \\
\hline
\end{array}$$

$$\left|\Delta Q_{ijt}^k\right| \quad \text{计算两两城市之间每一类商品的相对价格：}$$
$$\left|\Delta Q_{ijt}^k\right| = \left|\ln(p_{it}^k/p_{jt}^k) - \ln(p_{it-1}^k/p_{jt-1}^k)\right|$$

$$q_{ijt}^k \quad \text{去均值，求每一类商品的实际相对价格变动：}$$
$$q_{ijt}^k = \left|\Delta Q_{ijt}^k\right| - \overline{\left|\Delta Q_t^k\right|}$$

$$VAR(q_{ijt}) \quad \text{计算两两城市之间所有商品实际相对价格变动的方差：}$$
$$VAR(q_{ijt}) = VAR(q_{ijt}^1, \cdots, q_{ijt}^k)$$

$$\overline{VAR(q_{at})} \quad \text{计算每一城市与其余城市实际相对价格方差的均值：}$$
$$\overline{VAR(q_{at})} = average[VAR(q_{a1t}), \cdots, VAR(q_{ait})]$$

$$\text{int}\,eg_{at} \quad \text{正向化处理，得到地区}a\text{第}t\text{年的市场整合指数：}$$
$$\text{int}\,eg_{at} = \sqrt{1/\overline{VAR(q_{at})}}$$

图7-1 市场整合指数计算步骤

(三) 控制变量

资源基础理论认为企业的基本特征和能力能够影响其创新意愿和风
险承担水平，参照解学梅和朱琪玮（2021）的做法，本章选取了一系
列表征企业基本特征和能力的变量，具体包括：企业规模（Size），财
务杠杆水平（Lev），资产收益率（Roa），企业成长（Growth），经营活
动现金流（Cash）作为控制变量。利益相关者理论认为企业高管、董

事会等内部利益相关者在价值诉求和治理能力方面存在差异，亦会干预企业绿色创新战略的选择，参照王旭和褚旭（2021）的做法，本章将高管薪酬（*Pay*）和董事会规模（*DS*）加入控制变量组中。主要研究变量的类型、名称、符号和定义如表7-1所示。

表7-1   变量定义

变量类型	变量名称	变量符号	变量定义
被解释变量	绿色专利申请总量	GreTotal	企业当年申请绿色专利数量加1取对数
	绿色发明专利申请量	GreInva	企业当年申请绿色发明专利数量加1取对数
	绿色实用新型专利申请量	GreUma	企业当年申请绿色实用新型专利数量加1取对数
解释变量	市场整合	Integ	市场分割指数的倒数开平方
控制变量	财务杠杆水平	Lev	期末总资产取对数
	企业规模	Size	总负债/总资产
	资产收益率	Roa	当年净利润/期末总资产
	高管激励	Pay	高管前三名工资薪酬总额取对数
	企业成长性	Growth	营业总收入同比增长率
	董事会规模	DS	董事会人数取对数
	经营活动现金流	Cash	经营活动现金净流量/期末总资产

三、模型设定

参考李青原和肖泽华（2020）、艾永芳和孔涛（2021）对绿色创新的研究，本章采用固定效应模型来检验市场整合对企业绿色创新的影响，计量模型如下所示：

$$GreInno_{it} = \alpha + \beta Integ_{kt} + Controls_{it} + \delta_i + \mu_t + \eta_k + \varepsilon_{ikt} \qquad (7.1)$$

其中，$GreInno_{it}$ 表示绿色创新，包括 $GreTotal_{it}$、$GreInva_{it}$ 和 $GreUma_{it}$ 三个变量，分别代表 i 公司在 t 年的绿色创新总量、绿色发明专利申请量和绿色实用新型专利申请量。$Integ_{kt}$ 表示 k 城市 t 年的市场整合指数，$controls_{it}$ 表示企业经济特征层面的控制变量，δ_i 表示企业固定效应，μ_t 表示时间固定效应，η_k 表示地区固定效应，ε_{ikt} 表示随机扰动项。

四、统计性分析

主要变量的描述性统计如表 7-2 所示。Panel A 汇报了基于全样本的主要变量描述性统计。$GreTotal$ 的均值是 0.365，标准差是 0.750；$GreInva$ 的均值是 0.246，标准差是 0.583；$GreUma$ 的均值是 0.218，标准差是 0.531，说明绿色专利申请数量、绿色发明专利申请数量和绿色实用新型专利申请数量在长三角地区不同企业之间存在较大差异。同时，$Integ$ 的均值和标准差分别为 9.844 和 6.736，表明不同城市之间市场整合程度差距较大。此外，其他控制变量的描述性统计结果均在合理范围之内。

Panel B 展示了不同市场整合程度地区的主要变量描述性统计。可以看出，与市场整合程度较低地区企业相比，市场整合程度较高地区企业的绿色发明专利申请数量更高，这支持了研究假说 1 的预测，即市场整合有利于企业开展高质量的绿色创新活动。

表7-2　　　　　　　　　　**变量描述性统计信息**

Panel A：全样本

变量	观测值	平均值	标准差	最小值	最大值
GreTotal	3707	0.365	0.750	0.000	3.296
GreInva	3707	0.246	0.583	0.000	2.833
GreUma	3707	0.218	0.531	0.000	2.485
Integ	3707	9.844	6.736	1.402	36.973
Lev	3707	0.382	0.196	0.014	2.394
Size	3707	21.911	1.114	19.156	27.321
Roa	3707	0.045	0.072	-2.555	0.863
Pay	3707	14.380	0.618	11.321	17.188
Growth	3707	0.186	0.345	-0.393	1.964
DS	3707	2.126	0.176	1.386	2.708
Cash	3707	0.046	0.072	-0.762	0.489

Panel B：子样本

变量	市场整合程度较低地区			市场整合程度较高地区		
	样本量	均值	标准差	样本量	均值	标准差
GreTotal	1860	0.342	0.732	1847	0.387	0.766
GreInva	1860	0.237	0.580	1847	0.256	0.586
GreUma	1860	0.197	0.508	1847	0.239	0.553

第四节　市场整合对企业绿色创新影响的实证分析

一、基准回归分析

市场整合对企业绿色创新的回归结果如表7-3所示，分别汇报了市场整合对绿色创新总体水平、绿色创新质量以及绿色创新数量的回归结果。由表7-3可以发现，在模型（1）和模型（2）中，*Integ* 的回归系数均在10%的水平上显著为正，表明市场整合提高了企业绿色创新总体水平。在模型（3）和模型（4）中，无论是否加入控制变量，*Integ* 的系数均在5%的水平上显著为正，即市场整合显著提升了企业的绿色创新质量。在模型（5）和模型（6）中，*Integ* 的系数不显著，说明市场整合对绿色创新数量提高无显著影响，本章假说1得以验证。

上述实证结果表明，市场整合显著提升了企业绿色创新质量，却未能显著提高企业绿色创新数量，即市场整合可以激励企业进行技术水平较高的实质性绿色创新。这可能是因为，市场整合进一步打破了资源流动障碍，促进要素在更广阔的范围内流动，有利于企业获取资金、技术和人才等创新资源，改善企业资源约束现状，企业可以将更多的创新资源投入推动技术进步和提高竞争力的实质性创新活动中，逐步摆脱低质量水平创新路径依赖。同时，市场整合也在一定程度上加剧了市场竞争程度，企业为维持自身生存空间必定会"主动"加大研发投入，提升绿色创新质量，增强自身竞争优势。

表7-3   基准模型：市场整合与企业绿色创新

解释变量	（1）	（2）	（3）	（4）	（5）	（6）
	GreTotal		*GreInva*		*GreUma*	
Integ	0.008 * （0.004）	0.008 * （0.005）	0.007 ** （0.003）	0.007 ** （0.003）	0.005 （0.003）	0.005 （0.003）
Lev		0.144 （0.117）		0.058 （0.093）		0.175 * （0.092）
Size		0.049 （0.030）		0.031 （0.025）		0.029 （0.021）

续表

解释变量	（1）	（2）	（3）	（4）	（5）	（6）
	GreTotal		*GreInva*		*GreUma*	
Roa		−0.073 （0.231）		−0.137 （0.186）		0.085 （0.170）
Pay		0.006 （0.044）		−0.011 （0.034）		0.014 （0.035）
Growth		−0.050* （0.028）		−0.016 （0.022）		−0.049** （0.019）
DS		0.155* （0.094）		0.107 （0.074）		0.086 （0.069）
Cash		−0.092 （0.195）		0.041 （0.157）		−0.159 （0.137）
常数项	0.027 （0.146）	−1.456 （0.928）	−0.026 （0.113）	−0.765 （0.741）	−0.008 （0.109）	−1.041 （0.683）
企业固定效应	控制	控制	控制	控制	控制	控制
时间固定效应	控制	控制	控制	控制	控制	控制
地区固定效应	控制	控制	控制	控制	控制	控制
样本量	3707	3707	3707	3707	3707	3707
调整 R^2	0.035	0.040	0.032	0.034	0.022	0.028

注：括号内为聚类到地区层面的标准误；*、** 和 *** 分别表示估计系数在10%、5%和1%水平上显著。

二、稳健性分析

（一）替换被解释变量指标

由于专利从申请到授权需要一定的检测时间，专利授权数量的不确定性和不稳定性相对更高（周煊等，2012），而且易受官僚因素的影响，本章采用企业绿色专利授权数量对计量模型重新进行估计。参考马永强等（2021）的研究，采用企业当年授权的绿色专利数量加1的自然对数进行回归，回归结果如表7-4中模型（1）~模型（3）所示。可见，*Integ* 对绿色发明专利授权量的回归系数在1%的水平上显著为正，对绿色实用新型专利授权量的回归系数不显著。不论是采用绿色专利申请数量衡量指标，还是采用绿色专利授权数量衡量指标，市场整合的回归系数均显著为正，表明市场整合对绿色创新质量有显著的提升作用，证明了本章前文回归结果的稳健性。

（二）考虑绿色创新的延迟性

考虑到创新活动具有较高的风险和不确定性，企业从做出创新决策到收获创新产出需要一定的时间，因此企业绿色创新可能存在一定的延迟性。参考王雯岚和许荣（2020）、邓玉萍等（2021）的做法，本章选取第 $t+1$ 期的绿色专利申请数量衡量绿色创新，回归结果如表7-4模型（4）~模型（6）所示。由表格可以看出，*Integ* 对绿色创新质量的影响在5%的水平上显著为正，说明企业绿色创新活动特别是实质性创新需要较长时间，市场整合与企业绿色创新质量之间的正向关系没有改变。

表7-4　替换被解释变量的衡量指标和考虑绿色创新的延迟性的稳健性检验

解释变量	（1）	（2）	（3）	（4）	（5）	（6）
	GreTotal	GreInvg	GreUmg	LGreTotal	LGreInva	LGreUma
Integ	0.007 ** (0.004)	0.006 *** (0.002)	0.005 (0.003)	0.012 (0.008)	0.013 ** (0.007)	0.004 (0.006)
Lev	−0.031 (0.103)	0.004 (0.063)	−0.015 (0.086)	0.052 (0.111)	0.052 (0.095)	0.035 (0.076)
Size	0.025 (0.026)	0.009 (0.016)	0.020 (0.022)	0.033 (0.031)	0.027 (0.026)	0.006 (0.021)

续表

解释变量	(1)	(2)	(3)	(4)	(5)	(6)
	GreTotal	GreInvg	GreUmg	LGreTotal	LGreInva	LGreUma
Roa	−0.135 (0.196)	−0.101 (0.100)	−0.047 (0.173)	0.002 (0.119)	0.134 (0.114)	−0.122 (0.101)
Pay	0.010 (0.031)	−0.005 (0.020)	0.013 (0.028)	−0.004 (0.037)	−0.012 (0.029)	0.008 (0.030)
Growth	−0.051** (0.020)	−0.022 (0.014)	−0.043** (0.020)	−0.071** (0.033)	−0.055** (0.025)	−0.037 (0.025)
DS	0.093 (0.070)	0.089* (0.053)	0.048 (0.066)	−0.060 (0.105)	−0.086 (0.083)	0.029 (0.079)
Cash	−0.281* (0.158)	−0.110 (0.099)	−0.163 (0.139)	−0.057 (0.196)	−0.197 (0.184)	0.089 (0.123)
常数项	−0.778 (0.637)	−0.358 (0.375)	−0.657 (0.570)	−0.335 (0.751)	−0.148 (0.575)	−0.180 (0.545)
企业固定效应	控制	控制	控制	控制	控制	控制
时间固定效应	控制	控制	控制	控制	控制	控制
地区固定效应	控制	控制	控制	控制	控制	控制
样本量	3691	3691	3691	2908	2908	2908
调整 R^2	0.032	0.032	0.013	0.031	0.029	0.020

注：括号内为聚类到地区层面的标准误；*、**和***分别表示估计系数在10%、5%和1%水平上显著。

（三）变更回归方法

由于企业绿色专利申请数量大多为0值，因此专利数据具有左截尾的特点，参考王馨和王营（2021）的研究，采用面板 Tobit 模型对市场整合与企业绿色创新两者之间的关系再次进行检验，回归结果如表 7-5 模型（1）~模型（3）所示，在改变回归方法之后，Integ 对企业绿色创新质量在 5% 的水平上显著为正，对绿色创新数量的影响不显著，说明市场整合与企业绿色创新质量之间的正向关系不会随回归方法的改变而改变，再次证实市场整合提升企业绿色创新质量这一结论的稳健性。

（四）删除 2017 年数据

由于国家知识产权局于 2017 年修改了专利申请数据的统计方法，统计范围不再涵盖所有专利申请，而仅包括已支付申请费的专利申请，这可能会对回归结果的稳健性造成影响，参考王馨和王营（2021）的做法，本章删除 2017 年数据重新进行回归，回归结果如表 7 - 5 模型（1）~模型（3）所示。从表格中我们可以看出，删除 2017 年数据后，Integ 对绿色创新质量的回归系数在 10% 的水平上显著为正，对绿色创新数量的影响不显著，再次证明市场整合与企业绿色创新质量正向关系结论的稳健性。

表 7 - 5　　双重 Tobit 模型和删除 2017 年数据的稳健性检验

解释变量	（1） GreTotal	（2） GreInva	（3） GreUma	（4） GreTotal	（5） GreInva	（6） GreUma
Integ	0.007 ** (0.004)	0.007 ** (0.003)	0.004 (0.003)	0.007 (0.005)	0.006 * (0.003)	0.005 (0.004)
Lev	0.217 ** (0.085)	0.109 (0.068)	0.214 *** (0.063)	0.121 (0.124)	0.082 (0.098)	0.116 (0.096)
Size	0.097 *** (0.018)	0.085 *** (0.015)	0.054 *** (0.013)	0.055 (0.036)	0.034 (0.030)	0.026 (0.024)
Roa	0.064 (0.145)	-0.020 (0.118)	0.179 (0.109)	-0.066 (0.233)	-0.065 (0.176)	0.042 (0.186)
Pay	0.009 (0.027)	-0.001 (0.021)	0.008 (0.019)	0.046 (0.061)	0.013 (0.047)	0.057 (0.051)
Growth	-0.056 ** (0.025)	-0.024 (0.021)	-0.049 *** (0.019)	-0.059 * (0.031)	-0.019 (0.025)	-0.052 ** (0.023)

续表

解释变量	（1）	（2）	（3）	（4）	（5）	（6）
	GreTotal	*GreInva*	*GreUma*	*GreTotal*	*GreInva*	*GreUma*
DS	0.096 (0.077)	0.076 (0.062)	0.021 (0.057)	0.163 (0.100)	0.094 (0.076)	0.130* (0.074)
Cash	−0.143 (0.143)	−0.013 (0.116)	−0.193* (0.107)	−0.201 (0.195)	−0.045 (0.142)	−0.242 (0.153)
常数项	−2.555*** (0.453)	−2.094*** (0.358)	−1.444*** (0.329)	−2.112* (1.280)	−1.099 (1.027)	−1.667* (0.986)
企业固定效应	控制	控制	控制	控制	控制	控制
时间固定效应	控制	控制	控制	控制	控制	控制
地区固定效应	控制	控制	控制	控制	控制	控制
样本量	3707	3707	3707	2946	2946	2946
调整 R^2	—	—	—	0.033	0.025	0.027

注：括号内为聚类到地区层面的标准误；*、**和***分别表示估计系数在10%、5%和1%水平上显著。

（五）更换部分控制变量的度量方法

为了进一步保证回归结果的稳健性，这里通过改变控制变量中高管激励和企业规模的度量方法重新对模型进行估计。借鉴李青原和肖泽华（2020）的做法，采用管理层持股数量占公司总股本的比例衡量高管激励（*Share*）。借鉴齐绍洲（2018）的做法，采用企业净资产和企业员工数量的对数值衡量企业规模，分别用 Ln*Capital* 和 Ln*Labor* 表示，回归结果如表7-6所示。从表7-6中可以看出，模型（1）和模型（2）中 *Integ* 的回归系数显著为正，模型（3）中 *Integ* 系数不显著，市场整合对企业绿色创新质量仍然具有显著的正向促进作用，说明本章的结论是稳健的。

表 7 - 6   增加控制变量的稳健性检验

解释变量	(1)	(2)	(3)
	GreTotal	GreInva	GreUma
Integ	0.008 * (0.005)	0.007 ** (0.004)	0.005 (0.003)
Lev	0.194 * (0.117)	0.090 (0.094)	0.201 ** (0.093)
Roa	-0.238 (0.283)	-0.297 (0.225)	0.029 (0.231)
Growth	-0.053 * (0.028)	-0.016 (0.022)	-0.053 *** (0.020)
cash	-0.099 (0.190)	0.040 (0.152)	-0.166 (0.135)
DS	0.175 * (0.093)	0.123 * (0.073)	0.092 (0.069)
Share	-0.076 (0.147)	-0.085 (0.110)	-0.056 (0.110)
LnCapital	0.039 (0.036)	0.020 (0.029)	0.028 (0.025)
LnLabor	0.043 (0.027)	0.023 (0.021)	0.030 (0.020)
常数项	-1.483 ** (0.719)	-0.868 (0.569)	-1.022 ** (0.504)
企业固定效应	控制	控制	控制
时间固定效应	控制	控制	控制
地区固定效应	控制	控制	控制
样本量	3656	3656	3656
调整 R^2	0.044	0.038	0.031

注：括号内为聚类到地区层面的标准误；*、** 和 *** 分别表示估计系数在10%、5%和1%水平上显著。

三、内生性分析

本章可能产生内生性问题的原因主要有以下几个方面：

第一，反向因果问题。市场整合有利于企业绿色创新，而企业进行绿色创新活动时也会通过技术交流和合作等方式影响地区之间的市场整合程度。

第二，变量的测算可能出现误差。本章以地级市商品零售价格分类指数来计算城市市场整合程度，由于价格指数仅能反映按商品部门分类的年度价格信息，且用价格指数计算各地区不同时期商品价格变化的百分比，无法体现实际价格的变动情况，可能使市场整合度的测算产生偏差。

第三，可能存在遗漏变量问题。企业绿色创新活动受到多方面因素影响，虽然本章对可能的影响因素进行了控制，但是仍可能存在遗漏其他影响因素的情况。

为尽可能控制本章存在的内生性问题，我们需要找一个与市场整合高度相关，又不直接影响企业绿色创新的工具变量。已有研究表明交通基础设施对市场整合具有重要影响（Andrabi & Kuehlwein，2010；颜色、刘丛，2011），交通基础设施可以通过加强地区之间的经济交往来促进市场整合，而交通条件相对外生于企业的绿色创新行为。参考李嘉楠等（2019）、吕越和张昊天（2021）的研究，本章用地级市公路网密度作为工具变量重新进行 2SLS 回归，回归结果如表 7-7 所示。第（1）列中第一阶段 F 值为 37.920，说明不存在弱工具变量问题，且 $RoadDensity$ 的系数在 1% 的水平上显著为正，说明交通基础设施有利于市场整合，第二阶段回归结果表明，加入工具变量之后 *Integ* 对绿色创新总体水平和绿色创新质量的回归系数均在1%的水平显著为正，对绿色创新数量的回归系数不显著，说明在控制可能的内生性影响后，市场整合可以提升企业的绿色创新质量的结论没有改变，再次证实本章研究结论的稳健性。

表7-7　　　　　　　　　　内生性检验结果

解释变量	第一阶段	第二阶段		
	（1）	（2）	（3）	（4）
	Integ	*GreTotal*	*GreInva*	*GreUma*
Integ		0.151 *** （0.045）	0.139 *** （0.038）	0.137 （0.024）
RoadDensity	0.058 *** （0.010）			
控制变量	控制	控制	控制	控制
第一阶段 F 值	37.920			
企业固定效应	控制	控制	控制	控制
时间固定效应	控制	控制	控制	控制
地区固定效应	控制	控制	控制	控制
样本量	3593	3593	3593	3593
调整 R^2	—	-0.407	-0.540	-0.047

　　注：括号内为聚类到地区层面的标准误；* 、** 和 *** 分别表示估计系数在10%、5%和1%水平上显著。

第五节　市场整合对企业绿色创新影响的机制分析

一、影响机制分析

本章前文分析指出，市场整合主要通过缓解融资约束和加大研发投入两种途径影响企业绿色创新。参考杨柳勇和张泽野（2022）的做法，采用中介效应模型，探讨市场整合影响企业绿色创新的作用机制。模型设定如下：

$$Constraint_{it} = \alpha_0 + \alpha_1 Integ_{kt} + \varphi Controls_{it} + \delta_i + \mu_t + \eta_k + \varepsilon_{ikt} \quad (7.2)$$

$$\ln RD_{it} = \beta_0 + \beta_1 Integ_{kt} + \varphi Controls_{it} + \delta_i + \mu_t + \eta_k + \varepsilon_{ikt} \quad (7.3)$$

$$GreInno_{it} = \varphi_0 + \varphi_1 Integ_{kt} + \varphi_2 Constraint_{it} +$$
$$\varphi Controls_{it} + \delta_i + \mu_t + \eta_k + \varepsilon_{ikt} \quad (7.4)$$

$$GreInno_{it} = \gamma_0 + \gamma_1 Integ_{kt} + \gamma_2 \ln RD_{it} + \varphi Controls_{it} +$$
$$\delta_i + \mu_t + \eta_k + \varepsilon_{ikt} \quad (7.5)$$

其中，变量 $Constraint$ 表示企业融资约束程度，参考哈德洛克（Hadlock，2010）和皮尔斯（Pierce，2010）的做法，采用 SA 指数作为融资约束渠道中介变量 $Constraint$ 的代理变量。变量 $\ln RD$ 为企业创新投入，参考邓玉萍等（2021）的研究，采用企业研发投入（$\ln RD$）作为创新投入这一渠道中介变量的代理指标。$GreInno$ 为企业绿色创新，包含绿色专利申请量（$GreTotal$）、绿色发明专利申请量（$GreInva$）和绿色实用新型专利申请量（$GreUma$）三个变量，其余变量含义与式（7.1）相同。

（一）融资约束渠道

融资约束渠道作用机制回归结果如表 7-8 所示。可以看到，模型（1）中 $Integ$ 的回归系数在 1% 的显著性水平下为负，说明市场整合缓解了企业的融资约束状况，同时模型（2）和模型（3）中 $Integ$ 的回归系数显著为正，$Constraint$ 的回归系数显著为负，模型（4）中 $Integ$ 和 $Constraint$ 的回归系数不显著，表明市场整合可以通过缓解融资约束促进企业绿色创新质量提升，融资约束渠道作用机制得以验证。

表 7-8 融资约束机制检验结果

解释变量	（1） $Constraint$	（2） $GreTotal$	（3） $GreInva$	（4） $GreUma$
$Integ$	-0.004 *** (0.000)	0.008 * (0.004)	0.007 ** (0.003)	0.005 (0.003)
$Constraint$		-0.569 (0.359)	-0.646 ** (0.300)	-0.319 (0.242)
Lev	-0.020 (0.023)	0.156 (0.116)	0.072 (0.092)	0.183 ** (0.092)
$Size$	0.115 *** (0.011)	0.066 * (0.037)	0.051 * (0.030)	0.039 (0.025)
Roa	-0.058 (0.037)	-0.065 (0.230)	-0.128 (0.185)	0.090 (0.168)
Pay	0.034 *** (0.008)	0.001 (0.043)	-0.017 (0.033)	0.011 (0.034)
$Growth$	-0.003 (0.006)	-0.050 * (0.028)	-0.016 (0.022)	-0.049 ** (0.019)
DS	-0.096 *** (0.020)	0.163 * (0.093)	0.116 (0.074)	0.090 (0.069)

续表

解释变量	（1）	（2）	（3）	（4）
	Constraint	GreTotal	GreInva	GreUma
Cash	0.040 (0.031)	-0.080 (0.196)	0.055 (0.158)	-0.152 (0.137)
常数项	0.650 ** (0.258)	0.075 (1.086)	0.974 (0.887)	-0.185 (0.750)
企业固定效应	控制	控制	控制	控制
时间固定效应	控制	控制	控制	控制
地区固定效应	控制	控制	控制	控制
样本量	3707	3707	3707	3707
调整 R^2	0.610	0.042	0.038	0.029

注：括号内为聚类到地区层面的标准误；＊、＊＊和＊＊＊分别表示估计系数在10％、5％和1％水平上显著。

（二）创新投入渠道

创新投入渠道作用机制回归结果如表7-9所示。可以看到，模型（1）中 Integ 的回归系数在1％的显著性水平下为正，说明市场整合显著提高了企业的研发投入水平，同时模型（2）和模型（3）中 Integ 的回归系数至少在10％的水平上显著为正，lnRD 的回归系数同样至少在10％的置信水平上显著为正，而模型（4）中 Integ 和 lnRD 的回归系数不显著，表明市场整合可以通过加大研发投入提升企业绿色创新质量，创新投入渠道作用机制得以验证。本章研究假说2得以验证。

表 7－9　　　　　　　　　　创新投入机制检验结果

解释变量	（1）	（2）	（3）	（4）
	lnRD	GreTotal	GreInva	GreUma
Integ	0.018 ***	0.007	0.006 *	0.005
	（0.006）	（0.005）	（0.004）	（0.003）
lnRD		0.033 *	0.024 *	0.012
		（0.019）	（0.014）	（0.014）
Lev	－0.060	0.146	0.060	0.176 *
	（0.218）	（0.117）	（0.093）	（0.093）
Size	0.557 ***	0.031	0.019	0.023
	（0.081）	（0.033）	（0.026）	（0.024）
Roa	0.215	－0.079	－0.141	0.083
	（0.278）	（0.231）	（0.186）	（0.169）
Pay	0.184 ***	0.001	－0.016	0.012
	（0.048）	（0.045）	（0.035）	（0.036）
Growth	0.092 **	－0.053	－0.020	－0.050 ***
	（0.042）	（0.028）	（0.022）	（0.019）
DS	0.246 *	0.147	0.100	0.083
	（0.135）	（0.094）	（0.075）	（0.069）
Cash	0.417 *	－0.108	0.030	－0.167
	（0.226）	（0.196）	（0.158）	（0.138）
常数项	1.641	－1.526	－0.821	－1.086
	（1.887）	（0.933）	（0.746）	（0.685）
企业固定效应	控制	控制	控制	控制
时间固定效应	控制	控制	控制	控制
地区固定效应	控制	控制	控制	控制
样本量	3692	3692	3692	3692
调整 R^2	0.412	0.041	0.035	0.028

　　注：括号内为聚类到地区层面的标准误；* 、** 和 *** 分别表示估计系数在10%、5% 和 1%水平上显著。

二、异质性分析

（一）创新能力异质性

创新能力强的企业具有丰富的创新经验和创新资源，这有利于保证创新活动的持续性，在当前绿色发展成为核心竞争力的背景下，拥有创新优势的高创新水平企业必定会加大研发投入，帮助企业提高自身竞争力。参考吕越等（2021）的做法，按照研发投入强度（研发投入/销售收入）中位数将企业划分为高创新水平企业和低创新水平企业，分组进行回归，回归结果如表 7 - 10 所示。从表 7 - 10 中可以看出，$Integ$ 对高创新水平企业的绿色发明专利的回归系数在 1% 的水平上显著为正，对绿色实用新型专利的影响不显著，而对低创新水平企业的绿色创新数量和质量均无显著影响，说明市场整合可以促进创新水平较高企业的绿色创新数量和质量。究其原因在于，创新水平较高的企业绿色创新活动具有主动性和持续性，通常根据市场发展大环境实施创新战略，主动进行提高创新质量的实质性绿色创新。而创新水平较低的企业往往受制于资金、人才等创新资源约束，市场整合虽然在一定程度上改善了企业创新资源短缺现状，考虑到绿色创新需要持续稳定的投入，而自身资源有限，企业进行绿色创新的积极性大大降低，导致市场整合对企业绿色创新的影响不显著。

表 7 – 10   创新水平异质性检验结果

解释变量	（1）	（2）	（3）	（4）	（5）	（6）
	GreTotal	GreInva	GreUma	GreTotal	GreInva	GreUma
	低创新水平			高创新水平		
Integ	0.007 （0.007）	0.001 （0.005）	0.006 （0.005）	0.012 * （0.006）	0.015 *** （0.005）	0.007 （0.005）
Lev	0.082 （0.177）	0.091 （0.139）	0.051 （0.149）	0.234 （0.191）	0.109 （0.158）	0.242 * （0.133）
Size	0.019 （0.038）	0.006 （0.032）	0.023 （0.026）	0.141 ** （0.064）	0.101 * （0.053）	0.077 * （0.043）
Roa	– 0.152 （0.294）	– 0.112 （0.234）	– 0.095 （0.225）	– 0.026 （0.320）	– 0.263 （0.211）	0.450 * （0.253）
Pay	0.087 （0.076）	0.038 （0.057）	0.061 （0.060）	– 0.122 ** （0.049）	– 0.078 * （0.043）	– 0.075 ** （0.036）
Growth	– 0.036 （0.033）	– 0.013 （0.028）	– 0.037 （0.023）	– 0.019 （0.046）	0.017 （0.037）	– 0.033 （0.033）
DS	0.168 （0.117）	0.129 （0.103）	0.041 （0.083）	0.108 （0.145）	0.103 （0.117）	0.101 （0.106）
Cash	0.105 （0.275）	0.294 （0.207）	– 0.094 （0.200）	– 0.396 （0.297）	– 0.320 （0.254）	– 0.289 （0.191）
常数项	– 2.065 （1.472）	– 0.882 （1.161）	– 1.553 （1.075）	– 1.666 （1.333）	– 1.561 （1.159）	– 0.934 （0.892）
企业固定效应	控制	控制	控制	控制	控制	控制
时间固定效应	控制	控制	控制	控制	控制	控制
地区固定效应	控制	控制	控制	控制	控制	控制
样本量	1847	1847	1847	1860	1860	1860
调整 R^2	0.040	0.044	0.026	0.055	0.051	0.041

注：括号内为聚类到地区层面的标准误；* 、** 和 *** 分别表示估计系数在10% 、5% 和 1% 水平上显著。

（二）行业异质性

研究发现企业所处行业创新活跃度会影响企业绿色创新活动（龙小宁等，2018），为检验市场日趋整合背景下企业绿色创新行为是否会受行业创新活跃度影响，参考王馨和王营（2021）的研究，根据《专利密集型产业目录（2016）》（试行），将企业按照所处行业划分为专利密集型行业和非专利密集型行业，分组进行回归。分组回归结果如表 7 – 11 所示，模型（1）~模型（3）中 *Integ* 的系数均不显著，表明市场整合对非专利密集型企业的绿色创新数量和质量未产生显著影响。模型（4）~模型（6）中 *Integ* 的回归系数至少在 10% 的置信水平上显著为正，表明市场整合可以为专利密集型行业企业绿色创新数量和质量提供充足激励，从而带来绿色创新数量和质量的双重提升。究其原因在于，市场整合进一步提高了企业人力、资金以及技术等资源的可得性，但市场整合在优化资源配置的同时，也加剧了市场竞争程度，这促使专利密集型企业克服以往的创新路径依赖，将更多的资源投入推动企业技术进步和获取竞争优势的实质性创新上来。同时考虑到实质性创新的高风险性和长周期性，企业也会增加绿色创新数量以赢得相应的市场份额，维持必要的生存空间。相反，非专利密集型行业由于所处行业创新活跃度不高，同时考虑到绿色创新活动高风险、高投入的特点，企业可能不会将获取的资源投入绿色创新项目中，导致市场整合对非专利密集型企业绿色创新无显著影响。

表 7 - 11   行业异质性检验结果

解释变量	（1）	（2）	（3）	（4）	（5）	（6）
	GreTotal	GreInva	GreUma	GreTotal	GreInva	GreUma
	非专利密集型			专利密集型		
Integ	0.002 （0.005）	0.004 （0.004）	− 0.003 （0.003）	0.012 * （0.006）	0.009 * （0.005）	0.010 * （0.005）
Lev	0.136 （0.161）	0.110 （0.127）	0.098 （0.144）	0.226 （0.162）	0.115 （0.131）	0.246 ** （0.118）
Size	0.004 （0.030）	− 0.030 （0.023）	0.024 （0.025）	0.082 * （0.049）	0.069 * （0.040）	0.038 （0.033）
Roa	0.096 （0.132）	0.089 （0.101）	0.063 （0.119）	− 0.344 （0.403）	− 0.435 （0.306）	0.024 （0.345）
Pay	− 0.011 （0.040）	0.007 （0.030）	− 0.024 （0.029）	0.020 （0.070）	− 0.021 （0.055）	0.039 （0.058）
Growth	− 0.065 * （0.038）	− 0.012 （0.029）	− 0.061 ** （0.028）	− 0.037 （0.039）	− 0.013 （0.031）	− 0.042 （0.027）
DS	0.262 * （0.154）	0.194 * （0.115）	0.158 （0.112）	0.056 （0.121）	0.025 （0.099）	0.019 （0.089）
Cash	− 0.063 （0.186）	0.065 （0.122）	− 0.089 （0.147）	− 0.075 （0.327）	0.047 （0.271）	− 0.192 （0.226）
常数项	− 0.344 （0.664）	0.102 （0.482）	− 0.327 （0.512）	− 2.293 （1.526）	− 1.343 （1.225）	− 1.601 （1.149）
企业固定效应	控制	控制	控制	控制	控制	控制
时间固定效应	控制	控制	控制	控制	控制	控制
地区固定效应	控制	控制	控制	控制	控制	控制
样本量	1499	1499	1499	2208	2208	2208
调整 R^2	0.034	0.025	0.028	0.050	0.048	0.034

注：括号内为聚类到地区层面的标准误；* 、** 和 *** 分别表示估计系数在10% 、5% 和 1%水平上显著。

（三）企业规模异质性

与小规模企业相比，大规模企业拥有资金、技术以及人才等多方面优势，具有融资优势（任海云和聂景春，2018），往往在绿色创新方面有更好的表现。随着市场整合程度的不断提高，企业可以享受市场整合带来的一系列发展红利，可能改善小规模企业绿色创新现状。参考邓玉萍等（2021）的做法，按照企业规模中位数将企业划分为大规模企业和小规模企业，分组进行回归。企业规模异质性回归结果如表 7 - 12 所示，从表格中我们可以看出，$Integ$ 对小规模企业绿色发明专利的回归结果在 5% 的水平上显著为正，对大规模企业绿色实用新型专利的回归系数在 10% 的水平上显著为正。究其原因可能在于，丰富的创新经验和资源优势使大规模企业具有较强的风险抵御能力，保证了对于新技术、新产品的研发投入，大企业往往具有最高的技术水平和创新能力，易被束缚在现有技术红利中，忽略创新质量，专注创新数量提高以维持相应市场份额。而小规模企业深受资源约束的障碍，市场整合可以增加其获取资金、技术以及人才等创新资源的可能性，加大研发投入，逐步摆脱低技术水平创新路径依赖，开展高技术含量的实质性创新活动，提升绿色创新质量。

表 7 - 12 　　　　　　　　　　企业规模异质性检验结果

解释变量	（1）	（2）	（3）	（4）	（5）	（6）
	$GreTotal$	$GreInva$	$GreUma$	$GreTotal$	$GreInva$	$GreUma$
	小规模企业			大规模企业		
$Integ$	0.007 (0.005)	0.007** (0.003)	0.003 (0.004)	0.010 (0.008)	0.004 (0.007)	0.010* (0.006)

续表

解释变量	（1）	（2）	（3）	（4）	（5）	（6）
	GreTotal	GreInva	GreUma	GreTotal	GreInva	GreUma
	小规模企业			大规模企业		
Lev	0.149 (0.151)	0.007 (0.118)	0.191 * (0.100)	0.082 (0.198)	0.082 (0.160)	0.076 (0.143)
Size	0.042 (0.051)	0.006 (0.040)	0.029 (0.035)	0.169 * (0.089)	0.123 * (0.074)	0.136 ** (0.065)
Roa	0.141 (0.168)	− 0.011 (0.127)	0.240 ** (0.116)	− 0.249 (0.590)	− 0.263 (0.498)	− 0.107 (0.451)
Pay	− 0.042 (0.056)	− 0.050 (0.044)	− 0.031 (0.040)	0.031 (0.069)	− 0.000 (0.052)	0.037 (0.058)
Growth	− 0.006 (0.051)	0.025 (0.041)	− 0.018 (0.036)	− 0.046 (0.040)	− 0.016 (0.033)	− 0.051 * (0.028)
DS	0.174 (0.115)	0.082 (0.096)	0.150 ** (0.072)	0.209 (0.154)	0.164 (0.118)	0.087 (0.122)
Cash	− 0.614 ** (0.268)	− 0.324 (0.221)	− 0.487 *** (0.170)	0.538 ** (0.243)	0.549 *** (0.203)	0.198 (0.176)
常数项	− 0.784 (1.304)	0.236 (0.919)	− 0.558 (0.958)	− 4.632 ** (2.249)	− 3.012 (1.847)	− 3.857 ** (1.680)
企业固定效应	控制	控制	控制	控制	控制	控制
时间固定效应	控制	控制	控制	控制	控制	控制
地区固定效应	控制	控制	控制	控制	控制	控制
样本量	1854	1854	1854	1853	1853	1853
调整 R^2	0.028	0.021	0.025	0.060	0.056	0.041

注：括号内为聚类到地区层面的标准误；* 、** 和 *** 分别表示估计系数在10%、5%和1%水平上显著。

第六节　研究结论和政策启示

本章以 2011～2017 年长三角地区 A 股上市公司为研究对象，通过构建市场整合指数，实证检验了市场整合对企业绿色创新的影响结果及其作用机制，探索如何助力企业绿色创新发展。通过一系列的实证分析，本章得到如下结论：市场整合对企业绿色创新质量存在显著的促进作用，而对绿色创新数量无显著影响，且这一结论在一系列的稳健性检验以及考虑内生性问题后依然不变。此外，本章还对市场整合影响企业绿色创新质量的作用机制进行了回归分析，发现市场整合通过缓解融资约束和加大研发投入两个途径促进企业开展绿色创新活动。最后，市场整合对专利密集型行业企业和大规模企业绿色创新数量有显著提高作用，对小规模企业、专利密集型企业以及创新水平较高企业的绿色创新质量有显著提升作用。

基于本章的研究结论，得到如下政策启示：

第一，科学构建政绩考核指标，加快地区间市场整合，推动国内大循环主体建设，要坚决摒弃以 GDP 论英雄的传统思维模式，优化政府官员政绩考核目标，将侧重经济发展质量和效益的指标加入地方政府的考核评价体系，激励地方政府将经济高质量发展作为其追求目标。建立更加紧密的地区间政府沟通机制，加大地区间交通基础设施建设以提升互联互通水平，从而为企业积极参与绿色转型营造良好的外部市场环境。

第二，制定针对性创新激励措施，支持不同绿色创新能力的主体之间开展协作。杜绝创新激励措施制定的机械化复制，相关部门应根据创新的难度和潜在价值等具体特征有差别地制定实施方案，加大对高质量绿色创新的激励。根据行业间和企业间差异这一客观存在的特征事实，政府部门应充分发挥"看得见的手"的作用，对市场竞争能力较弱、不具有比较优势以及创新能力较弱的企业给予一定的帮扶，要"锦上添花"更要"雪中送炭"，让所有企业均能享受到市场整合的红利。

第三，要实现生产要素合理流动和优化配置，加大企业践行绿色创新的主动性。继续推进生产要素市场的市场化改革，充分发挥市场在资源配置中的决定性作用，坚持采用规则、价格和竞争等实现生产要素的流动和配置。破除阻碍要素流动的壁垒，减少政府对生产要素市场的行政干预，促进生产要素在不同地区、行业和主体之间自由流通，从而增加企业相关生产要素的可得性，提升企业实现绿色创新的能力。

第八章

ESG 实施与企业成长：环境责任的进阶

第一节 引 言

维持自身生存和可持续发展是企业最为重要的目标之一［德图佐斯（Dertouzos），1989］。这不仅是经营管理者面临的核心问题，也是利益相关者的密切关注点。在目前气候变化、环境污染、贸易摩擦、新冠疫情等诸多不确定性并存的大形势下，只有有效协调社会各方的需求，才能谋求良好的未来发展。因此，企业单纯追求利润最大化越来越不符合社会期望。迫于内外部压力，同时也为谋求差异化发展，企业开始承担更多的社会责任，逐渐重视在环境（environment）、社会责任（social responsibility）、公司治理（governance）上的行为以及相关的信息披露①。ESG 最早由联合国环境规划署在 2004 年提出，聚焦于企业非财

---

① 侧重于社会责任投资（SRI）的三个最重要的因素，即环境、社会责任和治理。环境（E）包括气候变化、污染控制、节能减排。社会责任（S）包括保护员工权益和职业发展，保护产品质量和安全，保护消费者权益，维护公共关系。公司治理（G）包括董事会结构、高管薪酬、反贿赂和反腐败措施、商业道德、风险管理、监督和报告制度以及会计准则。它关注的是如何将企业社会责任融入商业模式，得到了管理者、股东和其他利益相关者的广泛关注。

务信息的表现，是一种从多个维度衡量企业可持续发展能力与长期价值的理念和实践方式，在资本市场中越来越受到投资者的重视。在全球碳减排目标的驱动下，ESG 投资的规模快速增长。截至 2020 年底，全球 ESG 投资规模近 45 万亿美元，成为市场潮流。国际权威评级公司、四大会计师事务所等也陆续加入进来，将 ESG 作为审计和资询业务发展的重点。在中国，ESG 还算是一个新兴概念，近几年才受到比较广泛的关注，但发展较为迅猛。监管部门、上市公司、资管机构等资本市场各方正从政策规范、标准制定、信息披露、投资策略等多方面积极搭建 ESG 体系。多数人认为，ESG 的构建能够在一定程度上消除企业与其他利益相关者之间的信息不对称，内部化企业对环境和社会的外部性，从而降低交易成本。

既有研究发现，ESG/CSR 对企业财务绩效或市值产生显著的正向影响（Gregory et al.，2014；Li et al.，2016；Albuquerque et al.，2019）。因此，企业可以将其视为一种投资。但另一方面，它对企业内部有限资源的占用所带来的成本效应，以及委托—代理问题的存在，使得部分研究持有相反的观点（Gray，2003；Buchanan et al.，2018），即 ESG 并不能提升企业的财务表现，甚至会带来负面影响。现有结论不统一的原因主要在于，多数文献只关注 ESG 对企业财务指标（ROA、ROE、Tobin - Q 等）的短期影响，忽视了 ESG 作为一种长期投资手段，对企业成长的可持续影响。另外，也忽视了时间维度上的潜在异质性——企业生命周期，由于不同时期企业的生产经营特征和属性并不相同，ESG 对成长期、成熟期、衰退期企业产生的影响也必然有所差异，这也是引起结论不统一的主要原因之一。但现有文献并未对以上问题进行细致考量。从长远来看，ESG 是否真的有利于企业的成长？或者换句话说，企业在非经济方面的努力能否支撑其可持续发展？对于处于不同时期的企业，这种影响是否相同？另外，由于中国的 ESG 生态体系整体还不是很成熟，现有依据欧美市场得出的研究结论能否适用于国内？目前，很少有研究能够回答以上这些问题。

基于此，本章依据中国上市企业发布的社会责任信息披露报告，基于企业生命周期理论研究 ESG 实施对其成长能力的影响，并探究其中的影响路径。研究结果显示：（1）整体上看，中国现有 ESG 的实施并不有利于企业成长，且当区分强制型和自愿型后发现，被强制实施 ESG 的企业在成长能力上所受的负面影响大于自愿实施的企业；（2）在划分企业生命周期后，ESG 的实施对成长期企业成长能力的负向影响最大，而对于成熟期和稳定期企业的负向影响则显著下降；（3）ESG 主要通过增加企业成本，降低利润的方式削弱其成长能力。本章研究可能存在的边际贡献有：第一，抛开对企业财务指标的主流研究，将 ESG 视为企业的一项长期投资，关注其对企业成长能力的影响，并引入企业生命周期理论，进一步拓展并细化了此领域的研究；第二，通过研究 ESG 影响路径的方式，探寻了其带来的"成本效应"是否存在；第三，在内容上，依据企业生命周期、是否强制等性质考察了 ESG 影响企业成长的异质性，更细化了研究内容。

本章剩余部分安排如下：第二部分对 ESG 信息披露制度进行了介绍；第三部分给出文献综述与研究假设；第四部分是数据说明与模型设定；第五部分是实证检验与分析；第六部分是影响机制检验；第七部分则为研究结论与政策启示。

第二节　ESG 信息披露制度

ESG 是基于企业社会责任（Corporate Social Responsibility，CSR）发展起来的。CSR 信息披露制度始于 20 世纪 30 年代，之后越来越受到企业的重视并成为企业发展战略的重要组成部分。CSR 由若干个维度来衡量，如社区和员工关系、产品质量、环境、人权和多样性（Dahlsrud，2008）等。大部分研究都将 CSR 与 ESG 等同，认为 ESG 是 CSR 的具体表现指标。但相比 CSR 较为模糊的范围，ESG 的界定更为精准，它对于促进企业可持续发展，实现经济效益和社会效益的"双赢"具有重要作用。

中国的 ESG 实践起步较晚，但发展速度很快。特别是近年来，政府和社会都非常关注忽视企业社会责任带来的负面后果，相关政策也陆续出台。目前，中国正在积极建立适合本国国情的信息披露框架。2003 年，国家环保总局（现生态环境部）发布了《企业环境信息公开公告》，这是我国第一个企业环境信息公开政策。2008 年，国家环保总局颁布了第一部综合性法规《环境信息公开办法（试行）》，要求中国企业进行环境信息公开。然而，这两项政策并不是强制性的，也没有引起公众的太多关注。直至 2010 年，中国环境保护部（现生态环境部）发布了《上市公司环境信息披露指南（征求意见稿）》，市场才真正开始关注经济增长背后的环境和社会责任。该指南的出台进一步提高了企业环境信息披露的透明度和可操作性，更好地满足了公众的环境知情权。其要求上市公司向公众及时、完整地披露准确的环境信息，不得有虚假记录、误导性陈述或重大遗漏。

自 2010 年以来，一系列补充规定已经出台。2015 年 9 月 21 日，中共中央、国务院印发《生态文明体制改革总体方案》，要求资本市场建立上市公司环境信息强制披露机制。随后，香港交易所（HKEx）和中国银行业监督管理委员会（CBRC）发布了指导文件。2015 年，港交所要求上市公司披露 ESG 报告，同时分阶段提升部分指标。此后，上市公司开始自觉、积极地披露 ESG 相关信息，初步形成了 ESG 投资发展的基础。2016 年，三大证券交易所、证监会、银监会对现有政策进行了修订并补充了新政策，这意味着中国 ESG 的发展进入了全面深化的阶段。2017 年 12 月，中国证监会要求重污染行业的公司或重要子公司（即环境保护部门认定的重要排污单位）披露其排污信息、污染防治设施，法律、法规和部门规章规定的环境突发事件应急预案和其他重大信息。2018 年 9 月，中国证监会发布了最新版《上市公司治理标准》，规定"上市公司应当按照法律法规和有关部门的要求披露环境信息等相关信息"。证监会明确提出建立上市公司 ESG 报告制度，不断强化上市公司在环境和社会责任方面的信息披露义务。

在中国，企业社会责任由多个部门协同监管。ESG 指数的出现标志着企业从"利润第一"的商业化思维向绿色发展理念的转变。它可以帮助企业识别机会和风险，形成企业、环境和社会之间的良性互动。这也是促进资本市场可持续发展的重要举措，对改善公共环境、促进碳中和发展具有重要的作用。在政策引导下，上市公司开始有意识地、积极地披露 ESG 相关信息，社会各界开始越来越关注企业的非营利性行为和企业社会责任的绩效指标。中国国内投资者对 ESG 投资理念的关注也越来越多，从最初关注环境保护等，逐渐扩展到社会和治理方面。

第三节　ESG 与企业成长：文献综述与研究假设

一、ESG 与企业成长：文献综述

在相关文献中，研究 ESG 对企业财务绩效影响的文献所占比例最大。但到目前为止，尚未有统一的结论。大约90%的研究发现 ESG 与 CFP（公司财务绩效）存在非负相关关系，而且绝大多数研究报告了积极的结果，即企业 ESG/CSR 增加了股东财富，实现了股东效用最大化，与 ROA、ROE 或股票回报等财务指标呈正相关关系（Baron，2007；Friede et al.，2015）。此外，还有许多因素，如年龄和规模、广告费用、机构所有权、地理位置，甚至地方宗教规范等都可以调整影响相关系数的大小（Servaes & Tamayo，2013；Chintrakarn，2017；Zolotoy，2019；D'Amato & Falivena，2020）。

也有一些文献发现 ESG/CSR 与企业价值或盈利能力之间并没有显著的关系（Mulyadi & Anwar，2012；Humphrey，2012）。内林（Nelling）和韦伯（Webb，2009）利用时间序列固定效应方法，发现企业社会责任和财务绩效之间的关系比之前认为的要弱得多，而且财务绩效和仅关注利益相关者的狭义社会责任之间没有存在因果关系的证据。布坎南等（Buchanan et al.，2018）认为，实施社会责任的企业有更大市场价值的前提条件是经济运行良好，一旦遇到经济危机，市场出于过度投资的担忧使得这些企业的价值损失更大。也有学者认为，造成负面影响的原因是 ESG 会增加企业的成本，降低企业利润，排挤其他生产性投资，导致生产率降低（Gray & Shadbegian，2003）。此外，如果管理者从事这些活动不是为了股东福利，而是出于私利（提高自身的声誉或效用），那么市场也会反应消极，对这种类型的活动不重视或者出现延迟反应（Di & Kostovetsky，2014；Masulis & Reza，2015）。

企业的高质量发展是经济体提升竞争力的微观基础。因此，现有文献非常重视影响企业成长的因素。一般而言，企业的技术创新、规模、营商环境、法治环境、企业家工作经历等都能影响到企业的成长能力（张维迎等，2005；李涛等，2005；Lentz & Mortensen，2008；徐尚昆等，2020）。除此之外，国有经济、政府税收、市场竞争、融资约束等特征也是制约企业成长的重要因素，FDI、出口、员工教育和职业培训等同样显著促进了企业的成长（杜传忠和郭树龙，2012）。可以看出，企业成长取决于其内在自身能力和外部环境因素两方面的影响。

综合现有研究文献可看出，ESG 对企业财务表现的影响尚未有定论，且大多数聚焦于财务指标进行研究，并未考虑到 ESG 作为企业致力于可持续发展的投资对其成长能力的影响，也没有考虑企业异质性进行充分研究。另外，研究企业成长的文献也并未考虑到将 ESG 这一既能影响企业内部生产经营，又能帮助其树立外部形象，吸引更多资源的战略行为纳入影响企业成长能力的因素集内。基于此，本章将致力于弥补现有文献的缺陷，在环境责任的基础上，探析 ESG 与企业成长之间的联系与影响路径。

二、研究假设

在中国，ESG 的实施大多是政策推动的。以其中的环境（E）来讲，鉴于存在的生态问题，环境信息方面的披露是最受到重视的，且实行强制性披露。因此，与欧美市场的主动披露相比，这种强制性披露在性质上存在较大的区别，结果上也应有不同（Mulyadi & Anwar，2012）。原因在于，从企业内部影响来讲，自愿披露更多是在企业具备一定能力后才考虑的事情，此时，企业社会责任的实施既不会对日常经营造成太大影响，还能起到锦上添花的作用；而当 ESG/CSR 是企业迫于外部压力实施时，这时其可能本身并不具备追求除正常利润以外其他目标的能力，因此，反而可能会对企业的业务发展产生负面影响。从外部影响看，不同的披露性质使得利益相关者接收的信号存有不同的含义。自愿性披露意味着企业综合实力的提高，而强制性披露则一定程度上表明企业受到政府太多的监督与惩戒，发展前景不明朗。陈等（Chen et al.，2018）以中国上市公司为研究对象，发现强制企业社会责任报告使得企业盈利能力下降。艾斯瓦尼等（Aswani et al.，2021）发现，工业企业和资本密集型企业会受到强制性报告的负面影响。此外，还应注意到，中国的 ESG 实施体系仍旧不成熟，企业在 ESG 方面的投资仍处于早期阶段，把钱花在非营利性目标上意味着公司能够用于追求利润目标的资源被压缩，而这种投入在现阶段还不能为企业带来更好的发展条件，因此，中国现有 ESG 的实施对企业成长的影响是不利的。这里提出第一个假说：

假说 1：整体来看，中国企业现阶段的 ESG 表现并不有利于其成长，且被强制实施 ESG 的企业在成长能力上受到的负面影响较自愿实施 ESG 的企业更大。

从既有研究来看，在不同的生命周期阶段，企业的规模、盈利能力、投资策略、创新意愿和研发能力等都存在明显差异。米勒（Miller）和弗里森（Friesen，1984）将企业的生命周期分为初创期（the birth phase）、成长期（the growth phase）、成熟期（the maturity phase）、复兴期（the revival phase）与衰退期（the decline phase）5 个阶段。考虑到过于细分并不能体现不同生命阶段的显著差异，本章借鉴刘诗源等（2020）的方法，将企业的生命周期划分为三大类——成长期、成熟期和衰退期。成长期的企业处于生产经营的初期或早期，规模较小，生产经营并不稳定，资金流较为紧张，融资方面受限较多，首要任务是保证盈利，因此，并未有太多意愿和资金用于 ESG 的投入，但若迫于外部压力或同行竞争，不得不进行 ESG 投资时，此时对企业的成长并不一定起到正面效果，反而可能会产生负面影响。成熟期企业生产经营日趋稳定，内部现金流较为充裕，同时也更易得到外部的大额融资，资本性支出减少，生产经营费用降低，平均成本显著下降，对 ESG 的投入并不会给公司带来太大的财务负担，而且，此时的企业开始谋求长期发展，更有意愿实施 ESG 来寻求差异化发展以及树立良好的企业形象，因此，ESG 对成熟期企业的成长并不会带来负面效应，可能还会呈现正面效果。当企业到达衰退期时，经营状况开始恶化，利润下滑，筹资困难，创新能力不足，在市场上竞争力下降，此时对 ESG 的投入可能加速其财务不良的状况，但鉴于品牌效应的存在以及 ESG 为企业带来的长期声誉影响，可能也会让其有进一步喘息的机会，因此，ESG 对衰退期企业的成长影响是不确定的①。基于以上对企业生命周期各阶段的分析，本章提出如下假说：

假说 2：现阶段，ESG 对成长期企业的成长能力影响为负，而对于成熟期和稳定期企业的负向影响则显著下降。

进一步来看，ESG 对企业成长产生负面影响的主要原因在于其

---

① 以国产运动品牌鸿星尔克为例，在连续多年亏损的情况下，2021 年慷慨出手 5000 万元对河南水灾进行援助，其后品牌声誉大幅度提升，销售量也大幅提高。后面又出现直播间粉丝骤减，销售额下降的情形，鸿星尔克的未来发展如何，仍不得而知。

"成本效应"较为显著，即 ESG 通过提高企业成本，降低利润的路径来影响企业成长能力。原因在于，现有 ESG 的实施仍然处于初期阶段，投入的回报在短期内还未显现，继续投资会增加企业成本，导致有限的资源无法用于日常生产经营，从而削弱企业的成长能力。此外，ESG 的外部效应还不明显，当前中国的 ESG 生态体系整体不是很成熟，比如很多国内投资者仍然以追求财务回报为主要目标，系统全面的 ESG 投资场景还没有完全出现，企业对 ESG 的追逐让投资者对企业盈利能力的信心降低。另外，如果企业被强制性要求实施信息披露或 ESG 报告，更向市场传递了一种不良信号，说明企业在社会责任方面的长期缺失，会对企业的声誉造成影响。因此，期望通过 ESG 改善外部融资环境、营造自身良好形象等美好愿望在短期内还无法实现。基于此，本章提出第三个假说：

假说 3：ESG 现有的"成本效应"较为显著，主要通过影响企业成本及利润两个途径来影响成长能力。

第四节　数据说明与模型设定

一、数据说明

本章研究对象为在中国 A 股市场上市的公司，研究区间为 2010 ～ 2019 年。研究数据主要来源于两方面：其一，ESG 评级数据来源于 Wind 金融终端的华证 ESG 评级指标；其二，上市公司相关财务数据及公司治理等信息均来源于 CSMAR 数据库。借鉴现有数据处理办法，本章还对数据进行了如下的筛选与处理：（1）剔除了归属于金融业、保险业的上市公司；（2）剔除数据缺失严重和数据异常的公司；（3）剔除研究期间存在过 PT、ST、*ST 状态的公司样本；（4）对各变量进行了前后 1% 的缩尾处理。

二、模型设定

首先，构造一个 ESG 实施影响企业成长的基准模型，如式（8.1）所示：

$$Growth_{it} = \alpha + \beta ESG_{it} + \varphi X_{it} + \mu_i + \lambda_j + \omega_t + \varepsilon_{it} \tag{8.1}$$

其中，$Growth_{it}$ 代表企业成长能力，ESG_{it} 代表企业的 ESG 表现评分，X_{it} 代表一系列控制变量，μ_i 表示控制个体固定效应，λ_j 表示控制行业固定效应，ω_t 表示控制年份固定效应，ε_{it} 代表误差项，下标 i 代表企业，t 代表年份。

因变量——企业成长指标的选取。企业的成长往往伴随着企业规模、销售能力、盈利能力等经济总量的动态变化，现有文献主要使用销售收入、资产和员工人数来衡量企业的成长。考虑到员工受生产率和机器替代的影响较大。本章借鉴余泳泽等（2020）的办法，采用能够体现持续成长性的主营业务收入增长率作为衡量企业可持续增长能力的指标。

关键自变量——ESG 指标的衡量。华证 ESG 评价数据具有贴近中国市场、覆盖范围广泛、时效性高等特点，其通过构建环境、社会责任、公司治理 3 个一级指标及下设的 14 个二级指标、26 个三级指标计算得到对企业 ESG 表现的整体评估指标，将 ESG 表现分为 9 个级别（分别为 AAA、AA、A、BBB、BB、B、CCC、CC、C）。采用将最低级

C 赋值为 1，此后每个等级依次加 1，到最高级 AAA 赋值为 9 的办法，来量化企业的 ESG 评分。

控制变量的选取。(1) 企业规模（size），以企业总资产衡量；(2) 企业年龄（age），以观测值当年年份减去企业成立年份得到；(3) 劳动力成本（wage），以应付职工薪酬/总资产得到；(4) 总负债比率（tdr），以总负债/总资产得到；(5) 金融杠杆（lev）；(6) 托宾 Q（tobin），用其来体现企业的市场价值；(7) 总资产净利润率（roa），以净利润/总资产得到；(8) 董事会人数（Bdnum）；(9) 前 5 大股东持股比例集中度（top5_HHI）。多数变量的数值都进行了对数取值（对于数值小于 1 的变量，在加 1 的基础上再取对数）。表 8 - 1 给出了各变量的描述性统计。

表 8 - 1   主要变量描述性统计

变量	观察值	平均值	标准误	最小值	最大值
Growth	6161	0.119	0.388	−4.747	6.502
ESG	6161	0.508	0.064	0.182	0.642
size	6161	21.916	1.261	16.117	28.520
age	6161	2.690	0.419	0.000	4.094
wage	6161	0.011	0.015	−0.001	0.782
tdr	6161	0.331	0.166	0.007	4.174
lev	6161	0.832	0.358	−3.011	7.785
tobin	6161	0.629	0.499	−1.879	4.844
roa	6161	0.037	0.102	−3.875	3.136
Bdbun	6161	8.290	1.489	0.000	18.000
top5_HHI	6161	0.507	0.195	0.200	0.990

第五节　ESG 的实施对企业成长
影响的实证检验与分析

一、基准结果分析

表 8 - 2 显示基准回归结果。模型（1）仅加入业基本特征变量，此时 ESG 对企业成长的影响显著为负；模型（2）继续控制个体、行业、年份的固定效应，结果显示仅有细微的差异，但并不影响最终结论。接下来，将模型（3）加入企业财务层面的指标，模型（5）继续加入企业管理特征变量，且同模型（2）一样控制了固定效应［模型（4）、模型（6）所示］，最终发现，这些并不能改变 ESG 对企业成长的显著负面影响。因此，假说 1 的前半部分得到了充分的检验。对于其他控制变量，以模型（6）为例，发现企业规模、劳动力成本、董事会人数并不会对企业的成长产生显著影响。年龄系数显著为负，说明企业存续时间越久，其成长能力越差，主要原因在于年龄越大的企业越可能存在管理僵化和成本较高的问题，会制约企业的成长能力。总负债率系数显著为正，说明拥有较高负债率的企业成长能力越强，原因在于，高负债率说明企业资金充裕，这能较好满足企业日常现金流需求，从而助力企业快速成长。企业的财务杠杆系数显著为负，说明杠杆率越高，成长能力越差，原因在于高杠杆的存在会为企业带来较大的财务风险，从而削弱其成长能力。企业托宾 Q 值系数显著为负，说明企业的市场价值越高，成长能力越弱，主要原因可能在于市值比较高的企业一般属于

成熟期或衰退期的企业，这时企业的成长开始有所减退。前 5 大股东持股比例集中度系数显著为负，说明持股比例越集中，越不利于企业成长，原因在于话语权过于集中，较易形成僵化的体制，从而抑制企业成长。

表 8-2   ESG 实施影响企业成长的基准结果

变量	（1）	（2）	（3）	（4）	（5）	（6）
ESG	-0.237*** (0.061)	-0.232*** (0.061)	-0.299*** (0.060)	-0.279*** (0.060)	-0.345*** (0.087)	-0.346*** (0.089)
size	0.020*** (0.003)	0.027*** (0.003)	0.001 (0.004)	0.002 (0.005)	0.016** (0.007)	0.006 (0.008)
age	-0.054*** (0.011)	-0.054*** (0.012)	-0.049*** (0.011)	-0.064*** (0.012)	-0.049*** (0.015)	-0.061*** (0.016)
wage	0.904** (0.370)	1.060*** (0.379)	-0.671* (0.366)	-0.241 (0.376)	-0.905 (0.645)	-0.602 (0.673)
tdr			0.267*** (0.038)	0.286*** (0.039)	0.173*** (0.056)	0.232*** (0.058)
lev			-0.060*** (0.011)	-0.047*** (0.011)	-0.053*** (0.018)	-0.048** (0.019)
tobin			-0.034*** (0.010)	-0.031*** (0.012)	-0.040*** (0.014)	-0.050*** (0.017)
roa			1.311*** (0.111)	1.319*** (0.121)	1.229*** (0.173)	1.346*** (0.187)
Bdnum					-0.002 (0.004)	0.002 (0.004)
top5_HHI					-0.133*** (0.029)	-0.109*** (0.030)
常数项	-0.087 (0.069)	-0.056 (0.034)	0.298*** (0.082)	0.452*** (0.143)	0.125 (0.144)	0.267 (0.324)
个体固定效应	No	Yes	No	Yes	No	Yes

续表

变量	（1）	（2）	（3）	（4）	（5）	（6）
行业固定效应	No	Yes	No	Yes	No	Yes
年份固定效应	No	Yes	No	Yes	No	Yes
N	6161	6161	6161	6161	6161	6161
R^2	0.012	0.072	0.053	0.106	0.062	0.123
$adj.\ R^2$	0.011	0.064	0.051	0.098	0.057	0.104

注：括号中数字为 t（Z）值；$*$、$**$、$***$ 分别表示在1%、5%、10%的水平上显著。

接下来，将进一步区分强制型与自愿型这两种不同性质的 ESG，研究 ESG 实施的性质差异是否会对企业成长带来差异化影响。2010 年，中国环境保护部发布了《上市公司环境信息披露指南（征求意见稿）》，要求对重污染行业的企业实施强制性环境信息披露，其他企业可进行自愿披露。由于中国现有 ESG 实施中最为重要的部分是 E（环境），其在披露内容中占比最多，披露形式也呈多样性，因此，对于被强制要求进行环境信息披露的企业，其在 ESG 其他两个部分（S 和 G）的实施也应是被动的，我们将这类企业视为实施强制型 ESG 的主体，其余企业视为自愿型披露主体。将这两个样本进行区分后，分别进行式（1）的回归，结果如表 8-3 所示。模型（1）、模型（2）显示，不加固定效应时，强制型 ESG 与自愿型 ESG 的实施都使得企业的成长显著为负，但强制型 ESG 的负面影响更大且更显著；模型（3）、模型（4）显示，当加入固定效应时，强制型 ESG 的影响仍显著为负，但自愿型 ESG 对企业成长并无显著影响。因此，无论是否添加固定效应，被强制实施 ESG 的企业在成长能力上的所受负面影响远远大于自愿实施 ESG 的企业。这就验证了假说 1 的后半部分。至此，假说 1 得到了完整的检验。

表 8 - 3 不同性质 ESG 的实施对企业成长的影响

变量	（1）	（2）	（3）	（4）
	强制型	自愿型	强制型	自愿型
ESG	- 0. 490 *** (0. 127)	- 0. 221 * (0. 121)	- 0. 487 ** (0. 199)	0. 215 (0. 201)
size	0. 011 (0. 011)	0. 016 * (0. 010)	0. 134 *** (0. 033)	0. 115 *** (0. 029)
age	- 0. 044 * (0. 024)	- 0. 051 *** (0. 018)	- 0. 009 (0. 139)	- 0. 110 (0. 100)
wage	- 1. 113 (1. 147)	- 1. 536 * (0. 803)	7. 308 *** (2. 691)	3. 505 * (1. 955)
tdr	0. 010 (0. 083)	0. 330 *** (0. 078)	0. 060 (0. 170)	0. 496 *** (0. 133)
lev	- 0. 021 (0. 026)	- 0. 086 *** (0. 027)	0. 004 (0. 032)	- 0. 090 *** (0. 032)
tobin	- 0. 080 *** (0. 022)	- 0. 004 (0. 018)	- 0. 084 ** (0. 041)	- 0. 083 ** (0. 033)
roa	1. 319 *** (0. 257)	1. 370 *** (0. 254)	1. 725 *** (0. 340)	2. 444 *** (0. 356)
Bdnum	- 0. 001 (0. 006)	- 0. 004 (0. 005)	0. 007 (0. 011)	0. 003 (0. 009)
top5_HHI	- 0. 117 *** (0. 045)	- 0. 153 *** (0. 038)	- 0. 133 (0. 103)	- 0. 215 *** (0. 075)
常数项	0. 314 (0. 228)	0. 057 (0. 193)	0. 271 (0. 136)	0. 025 (0. 185)
个体固定效应	No	No	Yes	Yes
行业固定效应	No	No	Yes	Yes
年份固定效应	No	No	Yes	Yes
N	6161	6161	6161	6161
R^2	0. 0672	0. 0732	0. 2626	0. 2997
adj. R^2	0. 0578	0. 0655	0. 1288	0. 1720

注：括号中数字为 t（Z）值；*、**、*** 分别表示在 1%、5%、10% 的水平上显著。

二、划分企业生命周期的研究

本章借鉴刘诗源等（2020），狄金森（Dickinson，2011）等采用的现金流模式法，根据企业经营、投资、筹资三类活动产生的现金流净额的正负来划分企业的生命周期。此方法相较于根据企业年龄、规模、盈利等单变量方法的传统划分，在更为精准的同时还能规避主观判断带来的误差，可操作性更强。具体判断方法如表8-4所示。

表8-4 企业不同生命周期的判定标准

变量	成长期		成熟期	衰退期				
	初创期	增长期	成熟期	衰退期	衰退期	衰退期	淘汰期	淘汰期
经营现金流净额	−	+	+	−	+	+	−	−
投资现金流净额	−	−	−	+	+	+	+	+
筹资现金流净额	+	+	−	−	+	−	+	−

本章根据表8-4呈现的企业不同阶段现金流净额情况，将样本企业划分为成长期、成熟期、衰退期企业三个子样本，并分别进行回归，以验证假说2的正确性。具体回归结果如表8-5所示。由模型（1）、模型（2）可以看出，无论是否加固定效应，成长期企业的成长能力在ESG的影响下显著为负；模型（3）、模型（4）显示，ESG对成熟期企业的影响大幅度减弱，未加固定效应时并不显著，加了固定效应后仅在10%的水平上显著；而对于衰退期企业，ESG的影响虽然仍为负值，但在统计上并不显著。因此，这就直接验证了假说2的正确性，即现阶段中国企业的ESG表现对成长期企业的成长能力影响为负，而对于成熟

期和稳定期的企业，这种负面影响显著下降。

表 8 - 5 　　　　　　　不同生命周期阶段 ESG 对企业成长的影响

变量	(1)	(2)	(3)	(4)	(5)	(6)
	成长期		成熟期		衰退期	
ESG	- 0. 533 *** (0. 145)	- 0. 526 *** (0. 138)	- 0. 139 (0. 102)	- 0. 174 * (0. 099)	- 0. 232 (0. 352)	- 0. 080 (0. 316)
$size$	0. 011 (0. 014)	0. 026 ** (0. 011)	- 0. 016 (0. 010)	- 0. 010 (0. 008)	- 0. 002 (0. 030)	- 0. 019 (0. 024)
age	- 0. 061 ** (0. 025)	- 0. 050 ** (0. 023)	- 0. 038 * (0. 020)	- 0. 019 (0. 018)	0. 002 (0. 061)	0. 012 (0. 053)
$wage$	- 0. 789 (1. 213)	0. 154 (1. 162)	- 0. 100 (0. 733)	- 1. 070 (0. 691)	1. 249 (2. 359)	0. 538 (2. 178)
tdr	0. 244 ** (0. 097)	0. 180 * (0. 093)	0. 278 *** (0. 070)	0. 186 *** (0. 066)	- 0. 206 (0. 184)	- 0. 188 (0. 168)
lev	- 0. 067 ** (0. 033)	- 0. 091 *** (0. 032)	- 0. 030 (0. 023)	- 0. 026 (0. 022)	0. 105 * (0. 054)	0. 067 (0. 048)
$tobin$	- 0. 042 (0. 030)	- 0. 026 (0. 023)	- 0. 022 (0. 021)	- 0. 032 * (0. 017)	- 0. 132 ** (0. 060)	- 0. 164 *** (0. 044)
roa	2. 048 *** (0. 374)	1. 433 *** (0. 339)	1. 034 *** (0. 210)	1. 211 *** (0. 190)	1. 396 ** (0. 569)	1. 781 *** (0. 504)
$Bdnum$	0. 005 (0. 006)	- 0. 001 (0. 006)	0. 000 (0. 004)	- 0. 002 (0. 004)	- 0. 002 (0. 014)	0. 002 (0. 013)
$top5\_HHI$	- 0. 131 ** (0. 051)	- 0. 159 *** (0. 049)	- 0. 066 * (0. 034)	- 0. 082 ** (0. 033)	- 0. 160 (0. 107)	- 0. 127 (0. 096)
常数项	0. 021 (0. 236)	0. 033 (0. 227)	0. 356 *** (0. 672)	0. 455 *** (0. 172)	0. 230 (0326)	0. 550 (0. 489)
个体固定效应	Yes	No	Yes	No	Yes	No
行业固定效应	Yes	No	Yes	No	Yes	No
年份固定效应	Yes	No	Yes	No	Yes	No

续表

变量	(1)	(2)	(3)	(4)	(5)	(6)
	成长期		成熟期		衰退期	
N	2854	2854	2398	2398	909	909
R^2	0.1507	0.0701	0.1691	0.0718	0.1901	0.0883
$adj.\ R^2$	0.1100	0.0609	0.1244	0.0609	0.0716	0.0592

注：括号中数字为 t（Z）值；*、**、*** 分别表示在 1%、5%、10% 的水平上显著。

三、稳健性检验

（一）变换关键解释变量

企业 ESG 得分与其披露质量有较大的关联，披露质量的好坏直接决定了评级的高低。因此，此处考虑将关键解释变量 ESG 的衡量指标进行替换，替换成 ESG 披露质量指数进行再次检验。在 ESG 现有的信息披露中，以环境（E）的披露是最为全面的，既包含货币化环境信息披露，也包含非货币化环境信息披露，用其披露质量来代表 ESG 的整体披露情况。本章借鉴武剑锋等（2015）的办法，选取货币化和非货币化环境信息披露指标各 9 个，对企业的披露情况进行赋值（没有披露的赋值为 0，定性披露的赋值为 1，定量披露的赋值为 2），并将各项目赋予相同的权重，最后得到企业的环境信息披露指数，数值越高，代表对应的披露质量越高，企业 ESG 得分越高。将 ESG 信息披露指数（*ESG_quality*）替换模型（1）中的 ESG 评分，重新进行回归后的结果如表 8 - 6 模型（1）所示，可以看出，*ESG_quality* 系数仍旧显著为负，与前述结论一致。

（二）变换因变量

前文中，企业的成长指标使用主营业务收入增长率进行衡量，此处将其换为资产增长率后重新进行回归，结果如表 8 - 6 模型（2）所示，ESG 的系数为 - 0.234，且统计上显著，与前述回归结论一致。

（三）考虑 ESG 影响的滞后性

作为企业的一项长期投入，ESG 的影响在当期可能呈现的并不完全，或具有一定程度的滞后性，因此，我们使用其滞后一期、二期的数据重新进行回归。结果如表 8 - 6 模型（3）、模型（4）所示，可见 ESG_1 和 ESG_2 的系数显著为负，与前述结论一致。

（四）消除内生性

我们应当注意到 ESG 可能引致的反向因果问题，主要原因是实施 ESG 在影响企业成长的同时，企业自身成长能力的大小也会反向影响 ESG 的实施与得分。另外，可能存在的遗漏变量问题，也会导致内生性。为了最大限度地减轻内生性造成的估计偏差，我们选择了工具变量（IV）——企业所属行业内其他公司的 ESG 平均得分。一方面，同一行业的企业之间有竞争关系，所以扣除目标企业之外的行业平均 ESG 得分与单个企业的 ESG 得分满足相关假设；另一方面，目标企业的成长能力主要取决于自身综合状况，与行业平均 ESG 得分关系不大，满足外生假设。通过对工具变量进行内生性与弱工具变量检验，发现 Hausman 检验的 p 值为 0.000，Durbin - Wu - Hausman（DWH）检验结果为 2.913（p 值 0.02）。这两个检验都拒绝了 ESG 绩效是一个外生变量的原假设，即它可以被 IV 方法估计。弱 IV 检验的 F 统计量为 1258.66，大于 10，说明不存在弱 IV 问题。将工具变量代入重新进行回归，具体结果如表 8-6 模型（5）所示，ESG 系数显著为负，与前述结论一致。

表 8-6 稳健性检验

变量	（1）	（2）	（3）	（4）	（5）
ESG_quality	-0.035 ** (0.019)				
ESG		-0.234 *** (0.073)			-0.506 *** (0.158)
ESG_1			-0.363 *** (0.093)		
ESG_2				-0.324 *** (0.105)	
size	0.021 (0.017)	0.038 *** (0.007)	0.006 (0.008)	0.006 (0.009)	0.008 (0.010)
age	-0.039 (0.040)	-0.040 *** (0.013)	-0.062 *** (0.016)	-0.061 *** (0.019)	-0.058 *** (0.015)
wage	1.637 (1.885)	-2.238 *** (0.552)	-0.567 (0.674)	-0.759 (0.744)	-0.436 (0.551)
tdr	0.310 *** (0.108)	0.191 *** (0.048)	0.231 *** (0.058)	0.243 *** (0.064)	0.234 *** (0.069)
lev	-0.057 * (0.030)	-0.100 *** (0.015)	-0.045 ** (0.019)	-0.053 *** (0.020)	-0.047 ** (0.021)
tobin	-0.033 (0.033)	0.010 (0.014)	-0.052 *** (0.017)	-0.050 *** (0.019)	-0.049 *** (0.018)
roa	1.100 *** (0.299)	0.526 *** (0.153)	1.341 *** (0.187)	1.310 *** (0.208)	1.363 *** (0.191)
Bdnum	-0.013 (0.008)	-0.003 (0.003)	0.002 (0.004)	0.004 (0.004)	0.003 (0.004)
top5_HHI	-0.140 ** (0.069)	-0.118 *** (0.025)	-0.110 *** (0.030)	-0.125 *** (0.034)	-0.108 *** (0.031)

续表

变量	（1）	（2）	（3）	（4）	（5）
常数项	0.214 ** (0.097)	0.325 * (0.176)	0.398 ** (0.235)	0.496 *** (0.290)	0.454 * (0.261)
个体固定效应	Yes	Yes	Yes	Yes	Yes
行业固定效应	Yes	Yes	Yes	Yes	Yes
年份固定效应	Yes	Yes	Yes	Yes	Yes
N	6161	6161	6161	6161	6161
R^2	0.1253	0.1255	0.1231	0.1263	0.1205
$adj.\ R^2$	0.0932	0.1066	0.1041	0.1049	0.1014

注：括号中数字为 t（Z）值；*、**、*** 分别表示在 1%、5%、10% 的水平上显著。

第六节　ESG 的实施对企业成长影响的机制检验

本部分将进一步检验 ESG 实施影响企业成长的内在机制。本章前文分析，ESG 影响企业成长的主要途径是增加成本和降低利润。因此，采用与徐保昌等（2020）相一致的中介效应检验模型，中介效应模型的具体设定方式如下：

$$Growth_{it} = \alpha + \beta ESG_{it} + \varphi X_{it} + \varepsilon_{it} \tag{8.2}$$

$$Medi_{it} = \alpha_1 + \beta_1 ESG_{it} + \varphi_1 X_{it} + \varepsilon_{1it} \tag{8.3}$$

$$Growth_{it} = \alpha_2 + \beta_2 ESG_{it} + \gamma Medi_{it} + \varphi_2 X_{it} + \varepsilon_{2it} \tag{8.4}$$

其中 $Medi_{it}$ 代表待检验的两个中介变量，其一为企业的管理费用（manfee），用其代表企业用于日常生产经营中的开支；其二为企业的净利润（Profit）。我们最为关心的是系数 β_1 和 γ，若 β_1 显著为负，γ 显著为正，表明 ESG 的实施导致有限资源下用于日常生产经营的管理费用与利润减少，而二者对于企业成长的影响为正，因此，ESG 通过这两个渠道削弱了企业的成长能力，从而验证了假说3。其余变量的含义与式（8.1）中相同。最终结果如表8-7所示。

表8-7　　　　　　　　　　　影响机制检验

变量	（1）	（2）	（3）	（4）
	Growth	*manfee*	*Growth*	*Profit*
ESG	-0.226 *** (0.076)	-0.317 ** (0.125)	-0.327 ** (0.135)	-0.986 *** (0.338)
manfee	0.356 *** (0.012)			
Profit			0.037 *** (0.011)	
size	-0.007 (0.007)	0.037 *** (0.012)	0.038 *** (0.013)	-0.114 *** (0.032)
age	-0.045 *** (0.014)	-0.046 ** (0.021)	-0.068 *** (0.025)	0.031 (0.058)
wage	0.167 (0.572)	-2.289 ** (0.923)	-1.296 (0.956)	-0.848 (2.330)
tdr	0.254 *** (0.049)	-0.019 (0.080)	0.013 (0.089)	-0.473 ** (0.220)
lev	-0.007 (0.016)	-0.093 *** (0.024)	-0.151 *** (0.036)	1.485 *** (0.083)
tobin	-0.031 ** (0.015)	-0.049 ** (0.024)	-0.069 ** (0.027)	0.601 *** (0.064)
roa	0.943 *** (0.159)	1.323 *** (0.258)	0.792 *** (0.290)	-8.591 *** (0.677)
Bdnum	0.001 (0.003)	0.002 (0.005)	0.003 (0.006)	-0.011 (0.014)
top5_HHI	-0.086 *** (0.026)	-0.065 (0.042)	-0.051 (0.046)	-0.158 (0.113)

续表

变量	（1）	（2）	（3）	（4）
	Growth	*manfee*	*Growth*	*Profit*
个体固定效应	Yes	Yes	Yes	Yes
行业固定效应	Yes	Yes	Yes	Yes
地区固定效应	Yes	Yes	Yes	Yes
N	6161	6161	6161	6161
R^2	0.3669	0.1081	0.1530	0.5303
adj. R^2	0.3528	0.0907	0.1170	0.5129

注：括号中数字为 t（Z）值；*、**、*** 分别表示在1%、5%、10%的水平上显著。

表 8 - 7 中模型（1）、模型（2）显示，管理费用的支出能显著提高企业的成长能力，但现有 ESG 对企业管理费用的影响显著为负，说明 ESG 的支出占据了用于日常生产经营的资源，导致企业实际成本升高，从而削弱了企业的成长。表 8 - 7 中模型（3）、模型（4）又进一步说明了 ESG 对现有财务指标的影响，其降低了企业利润。利润作为助推企业后续发展的重要指标，是提升企业成长能力的另一种重要渠道，它的降低间接抑制了企业成长。因此，本章研究假说 3 得到验证。可知，现有 ESG 的实施对企业的影响仍然是以"成本效应"为主，正面的促进效应仍未显现，这与 ESG 实践时间较短以及市场对其关注度仍旧较少有关。

第七节　研究结论与政策启示

在碳中和的背景下，ESG 迅速成为国内外市场的关注焦点，相关投资发展速度惊人，诸多企业期望通过 ESG 实现绿色低碳转型。但对于初涉 ESG 的中国企业而言，此举带来的成本效应是否能得到有效补偿，是否真的能为自身的可持续发展续力，是值得思考的问题。本章以 A 股上市公司的 ESG 评级及相关财务变量构成的面板数据为基础，基于企业生命周期的视角，就此问题进行了解答。研究发现：第一，整体上看，现有 ESG 的实施并不利于企业成长，且被强制实施 ESG 的企业在成长能力上所受的负面影响大于自愿实施的企业；第二，ESG 对成长期企业的负向影响最大，而对于成熟期和稳定期的企业，这种负面影响显著下降；第三，ESG 主要通过增加企业成本、降低利润的方式削弱企业的成长能力。

虽然，本章研究显示了 ESG 对企业成长的不利影响，但应该注意的是，不同性质的 ESG 带来的影响存在一定差异，在不同生命周期阶段的影响程度也是不一样的。本章提出如下政策建议：（1）ESG 实施初期，政府在督促企业履行社会责任的同时，还应给予一定的政策支持与帮助，缓解出现的负向影响；（2）ESG 的实施应循序渐进，以企业自愿实施和披露为主，强制型 ESG 的实施应较为慎重；（3）对不同时期企业在 ESG 实施上的程度可以有一定区别，政策方面也应更有针对性，注重不同类型企业 ESG 的实际效果。另外，各个企业也应当量力而行，根据自身的实际情况来追求 ESG 投资。本章的研究为 ESG 在中国的实施给出了初步经验证据，但限于仍处于实践初期，更深入的研究仍待进一步探讨，未来有较为广阔的研究前景。

第九章

环境与创新协同发展的思路及对策

由以上研究可以看出，无论是从企业层面还是区域层面，环境规制对企业成长和技术创新的促进作用是客观存在的，这一影响随着技术创新类型、城市类型等的差别存在一定的差异性。环境规制的实施促进了企业规模扩张，并推动了技术创新向着绿色化发展，形成了环境与创新的协同发展，为经济高质量发展奠定了坚实的基础。另外，也要看到，生态环境治理必须尊重生态系统的内在规律，统筹协调各环境治理主体，促进区域间、部门间的协同和配合，进行综合治理。基于本书研究，围绕环境与创新协同发展提出如下思路及对策：

一、优化顶层设计，健全环境法制体系和监督管理机制

生态环境治理过程中需要政府主导优化顶层设计，及时发布环境治理阶段规划、法律与标准，统筹协调行政机制、市场机制、社会机制，实现协同效应。

第一，生态环境保护需要立足全局，统筹兼顾、整体施策。中国不同地域的资源禀赋和经济基础存在较大差异，污染物的结构、成因以及

变化趋势因地而异，环境治理水平参差不齐，并且存在着环境规制下区域性污染转移和扩散的现象。因此，在环境规制实践中，既需要地方政府探索不同地域的生态环境治理体制，因地制宜地制定环境规制政策，也需要加强区域合作，各地区协同治理环境。在生态环境部的引领下，各地区要建立和完善跨界污染纠纷处置机制，同时加强环保部门与监察、建设等各部门的联动，形成环保部门统一指导和监管、部门分工明确、各司其职的环境治理格局。

第二，应建立健全管理机制，完善环境治理的监督和奖惩机制，强化地方生态环境监管和执法能力，充分发挥地方政府在环境规制中的引导作用，同时要加强环境政策实施效果评估，并将评估结果纳入地方官员和相关部门绩效考核和综合评价。

第三，不断健全环境法制体系，弥补环境立法的空白，并对已有环境法律法规进行修订和完善。生态环境治理既需要系统的法制体系，规范环境政策制定、执行与监督过程，又需要建立严格的监督检查制度，强化对环境治理法律法规实施效果的评估和反馈，为进一步完善环境政策提供指引。

二、鼓励多手段实施、多主体参与的环境保护协同治理

中国环境规制政策总体实现了从借助行政手段到行政手段、市场手段、公众参与协同综合应用的转变。具体而言，在环境治理中，应将市场型环境规制工具作为主要手段，不断完善排污权交易、碳排放权交易、环境保护税等市场手段，使市场在环境资源配置中发挥决定性作用，完善环境治理市场经济政策，持续推进绿色信贷、绿色债券等，加快构建绿色金融体系，同时辅之以行政机制和社会机制。在行政机制的

应用中，中央政府需着力推进环境污染调查，加强对环境保护发展逻辑和规律的分析和研究。地方政府也应通过积极组织和开展环境相关的课题研究对本地区环境污染传导和转移扩散等方面进行研究，探究环境污染的根本原因及其传导特点，并在研究基础上提出切实可行的环境治理目标。统一环境规制的法律、政策和标准，并适时地进行调整和补充，通过制定有效的措施助推环境治理目标实现。在社会机制的应用中，应充分发挥社会公众和组织的监督和反馈作用，促进环境规制政策实施。一方面，需要不断完善环境政策实施的信息公开和监督制度，建立政策实施信息公开和反馈平台，统筹管理环境政策制定、实施和监督的全过程，为公众参与环境治理提供必要的信息支持，拓宽公众参与环境治理的渠道，积极引导和扶持社会环保组织有序发展，形成"多元共治"的良好环境治理格局。另一方面，要强化环境政策法制宣传教育，在传统环境信息披露制度的基础上，循序渐进地推进 ESG 实施，强化企业的环境责任意识和社会责任意识，引导社会公众积极参与环境治理。

三、加速技术绿色化转型，构造绿色创新良好氛围

第一，适度提升环境规制强度，推动城市实现绿色转型。在碳达峰碳中和目标下，可以通过环境规制措施的适度增强带动城市绿色创新水平的整体提升。综合运用行政、市场、法治、科技等多种手段，因地制宜、科学施策，提高生态环境治理的针对性、科学性、有效性。通过环境税、环境信息披露、绿色信贷等一系列环境规制工具的综合使用，在确保环境规制压力合理性的同时，通过环境规制政策的结构性调整，提升环境政策的治理精度，加速节能环保等绿色产业的发展扩张进程，推

动相关企业加速绿色创新步伐，形成绿色低碳的生产方式。

第二，全方位发力提升产业创新投入强度。研究表明，环境规制强度提升可以通过促进城市创新投入显著推动城市绿色创新，政府应当出台鼓励城市创新投入的相应政策，增加财政资金的扶持力度，充分发挥这一传导机制的作用，推动人工智能、区块链等新技术在生态环保产业的应用，加大关联产业创新投入强度，有效带动城市创新水平的整体提升。相关部门应当畅通政企沟通机制和平台，切实了解企业困难，做好生态环境领域政策宣传、普及。以污染防治攻坚战实际需求为导向，引导开发适用技术，充分利用国家生态环境科技成果转化综合服务平台，为企业开展成本低、效果优的技术服务工作，加强生态环境领域科研成果转化应用。

第三，强化对企业技术创新的财政支持。由于环境规制会"挤出"技术创新的资金来源，对企业技术创新的积极性造成一定打击，应当通过有针对性的资金和政策激发企业的创新热情。对有发展潜力、有意愿进行转型升级的企业，在研发补贴、项目奖励上给予更多的倾斜，加快环境规制对企业技术创新的"补偿"，帮助企业加速发展。同时加快环保相关制度的建立健全，加速建立完善的企业创新生态，引导更多的风投参与企业的技术绿色化改造，将环保规制与企业技术创新、竞争力提升有效结合起来，相互促进、共同发展。

第四，加速提升自主创新能力。在百年未有之大变局持续演进的背景下，我国以国内大循环为主体、国内国际双循环相互促进的新发展格局逐步形成，自主创新能力的提升和"卡脖子"技术的突破成为我国未来技术创新的主线。政府应借此机遇，加快环保政策的推进和实施，鼓励企业更多地进行绿色创新、自主创新，对新增实用新型、发明专利等自主创新成果较多的企业进行政策倾斜，加快建立自主可控的现代产业体系。

四、提高环境规制政策的精准性，因地制宜

为了有效转变经济发展方式，实现环境保护和经济发展的"双赢"，需要有侧重地制定对技术创新具有较强促进作用的环保政策。

第一，制定适宜的差异性环保政策。目前中国正处于转变发展方式、优化经济结构、转换增长动力的攻关期，同时也开启了全面建设社会主义现代化国家新征程。从环境规制对经济增长的影响来看，适宜强度和形式的环保政策，更有利于国家经济的发展。因此，政府需要结合地区经济发展水平、环境污染水平和环保目标等的现实特点，采取差异化的政策，通过灵活使用排污费、排污权交易等控制型或激励型环境规制方式来有效提高企业治污能力，刺激企业技术创新，带动整体生产效率的提升。同时，地方政府尤其是省会城市政府在制定政策时需要有效避免环境规制过程中污染的地区转移，避免相对落后地区走"先污染后治理"的老路。

第二，提高生态环境监管水平，因地制宜，实现异质性城市绿色创新的差异化发展。重点推进现代城市感知、大数据等关键技术应用，实现生态环境的精准监管，各城市相关部门应根据自身实际情况，出台推动城市持续加大创新投入实现绿色创新的针对性政策组合，做到问题、时间、区域、对象、措施"五个精准"，避免"一刀切"，强化环保规制重点区域、重点行业、重点企业的跟踪分析，强化地方各级生态环境保护议事协调机制作用，形成上下贯通、执行有力的工作体系。西部地区坚决不走"先污染后治理"的老路，科学探索能够充分发挥地区优势的高质量绿色发展之路。省会地区则要发挥既有绿色创新优势，进一

步提高政治站位，自我要求、自我加压，加快发展方式绿色转型，持续扩大绿色产业规模，提升绿色产业发展质量，持续加大对周边区域的绿色创新外溢和带动作用，为中国实现低碳绿色可持续发展提供强力支撑。

五、聚焦企业关切问题，激发企业绿色创新动力

第一，积极推动源头污染治理落在实处，引导企业努力践行源头污染治理理念。在源头污染治理政策的实施之初，部分企业可能因为担心生产成本上升等问题，对于源头污染治理政策的执行不够彻底，而本书研究已经表明，实施源头污染治理对企业实现规模扩张具有显著的促进作用，显然，企业对源头污染治理负面效应的担心是不合理的，因此，相关部门应当积极引导企业转变运营思维，积极接纳源头污染治理的先进理念。

第二，推动企业引进降耗增效的新型设备，并给予相应的政策扶持。在推进环境规制的同时，鼓励企业积极引入新型设备、淘汰传统落后的老旧设备，有利于企业在源头污染治理的过程中扩大生产、提升企业规模。为更好地推动企业引进降耗增效的新型设备，相关部门应当给予目标企业相应的税收优惠、设备补贴等政策支持，帮助转型企业快速实现降耗增效。

第三，引导企业实施产品创新，实现产品清洁化。源头污染治理的推进过程中，政府应鼓励企业推动产品创新研发，在确保企业新产品绿色清洁的基础上，适应不断变化的市场需求。随着近年来，中国绿色生态体系的构建和"双碳"目标的提出，民众对于清洁绿色产品的需求日趋旺盛，相关部门应当进一步引导企业推动源头污染治理，实现绿色

产品创新，方能满足不断上升的市场需求和消费者偏好，进而为企业自身规模扩张提供持久动力。

六、借力统一大市场建设，畅通要素流动

第一，科学构建政绩考核指标，加快地区间市场整合，推动国内大循环主体建设。要坚决摒弃以 GDP 论英雄的传统思维模式，优化政府官员政绩考核目标，将侧重经济发展质量和效益的指标加入地方政府的考核评价体系中，激励政府将经济高质量发展作为其追求目标。建立更加紧密的地区间政府沟通机制，加大地区间交通基础设施建设以提升互联互通水平，从而为企业积极参与绿色转型营造良好的外部市场环境。

第二，制定针对性创新激励措施，支持拥有不同绿色创新能力的主体之间开展协作。杜绝创新激励措施制定的机械化复制，相关部门应根据创新的难度和潜在价值等具体特征有差别地制定实施方案，加大对实质性绿色创新的激励。根据行业间和企业间差异客观存在的特征事实，政府部门应充分发挥"看得见的手"的作用，对市场竞争能力较弱的、不具有比较优势以及创新能力较弱的企业给予一定的帮扶，要"锦上添花"更要"雪中送炭"，让所有企业都能享受到市场整合的红利。

第三，要实现生产要素的合理流动和优化配置，加大企业践行绿色创新的主动性。继续推进生产要素市场化改革，充分发挥市场在资源配置中的决定性作用，坚持采用规则、价格和竞争等实现生产要素的流动和配置。破除阻碍要素流动的壁垒，减少政府对生产要素市场的行政干预，促进生产要素在不同地区、行业和主体之间自由流通，从而增加企业相关生产要素的可得性，提升企业绿色创新能力。

参 考 文 献

［1］艾永芳，孔涛．区域大数据发展能促进企业绿色创新吗？［J］．中南财经政法大学学报，2021（6）：116－126.

［2］安孟，张诚．环境规制是否加剧了工资扭曲［J］．西南民族大学学报（人文社科版），2020，41（7）：118－128.

［3］安同良，周绍东，皮建才．R&D补贴对中国企业自主创新的激励效应［J］．经济研究，2009，44（10）：87－98，120.

［4］白俊红，刘怡．市场整合是否有利于区域创新的空间收敛［J］．财贸经济，2020（1）：96－109.

［5］白雪洁，宋莹．环境规制，技术创新与中国火电行业的效率提升［J］．中国工业经济，2009（8）：68－77.

［6］包群，邵敏，杨大利．环境管制抑制了污染排放吗？［J］．经济研究，2013，48（12）：42－54.

［7］卞元超，白俊红．市场分割与中国企业的生存困境［J］．财贸经济，2021（1）：120－135.

［8］薄文广，徐玮，王军锋．地方政府竞争与环境规制异质性：逐底竞争还是逐顶竞争？［J］．中国软科学，2018（11）：76－93.

［9］蔡绍洪，俞立平．创新数量、创新质量与企业效益：来自高

技术产业的实证 [J]. 中国软科学, 2017 (5): 30 – 37.

[10] 蔡乌赶, 周小亮. 中国环境规制对绿色全要素生产率的双重效应 [J]. 经济学家, 2017 (9): 27 – 35.

[11] 曹春方, 张婷婷, 刘秀梅. 市场分割提升了国企产品市场竞争地位? [J]. 金融研究, 2018 (3): 121 – 136.

[12] 曹霞, 于娟. 绿色低碳视角下中国区域创新效率研究 [J]. 中国人口·资源与环境, 2015, 25 (5): 10 – 19.

[13] 陈晓, 李美玲, 张壮壮. 环境规制、政府补助与绿色技术创新——基于中介效应模型的实证研究 [J]. 工业技术经济, 2019, 38 (9): 18 – 25.

[14] 戴魁早, 刘友金. 要素市场扭曲与创新效率: 对中国高技术产业发展的经验分析 [J]. 经济研究, 2016, 51 (7): 72 – 86.

[15] 邓玉萍, 王伦, 周文杰. 环境规制促进了绿色创新能力吗?: 来自中国的经验证据 [J]. 统计研究, 2021 (7): 76 – 86.

[16] 丁娟. 创新理论的发展演变 [J]. 现代经济探讨, 2000 (6): 27 – 29.

[17] 董会忠, 李旋, 张仁杰. 粤港澳大湾区绿色创新效率时空特征及驱动因素分析 [J]. 经济地理, 2021, 41 (5): 134 – 144.

[18] 董直庆, 王辉. 环境规制的"本地－邻地"绿色技术进步效应 [J]. 中国工业经济, 2019 (1): 100 – 118.

[19] 杜传忠, 郭树龙. 经济转轨期中国企业成长的影响因素及其机理分析 [J]. 中国工业经济, 2012 (11): 97 – 109.

[20] 范群林, 邵云飞, 唐小我. 中国30个地区环境技术创新能力分类特征 [J]. 中国人口·资源与环境, 2011, 21 (6): 31 – 36.

[21] 范欣. 市场分割、创新要素流动与自主创新能力 [J]. 社会

科学战线，2021（8）：59－69.

[22] 方明月，聂辉华．企业规模决定因素的经验考察：来自中国企业面板的证据［J］．南开经济研究，2008（6）：27－36.

[23] 傅京燕，李丽莎．环境规制、要素禀赋与产业国际竞争力的实证研究：基于中国制造业的面板数据［J］．管理世界，2010（10）：87－98，187.

[24] 甘清华，陈淑梅．产业结构升级视角下市场一体化对地区经济增长的影响［J］．产业经济研究，2021（5）：40－53.

[25] 高翔，袁凯华．清洁生产环境规制与企业出口技术复杂度：微观证据与影响机制［J］．国际贸易问题，2020（2）：93－109.

[26] 郭进．环境规制对绿色技术创新的影响："波特效应"的中国证据［J］．财贸经济，2019，40（3）：147－160.

[27] 郭树龙，刘文彬．房价上涨对企业规模分布的影响研究［J］．财经研究，2017，43（11）：44－56.

[28] 韩超，胡浩然．清洁生产标准规制如何动态影响全要素生产率：剔除其他政策干扰的准自然实验分析［J］．中国工业经济，2015（5）：70－82.

[29] 韩凤芹，陈亚平．税收优惠真的促进了企业技术创新吗？：来自高新技术企业15%税收优惠的证据［J］．中国软科学，2021（11）：19－28.

[30] 韩庆潇，杨晨．地区市场分割对高技术产业创新效率的影响：基于不同市场分割类型的视角［J］．现代经济探讨，2018（5）：78－85.

[31] 何小钢，梁权熙，王善骝．信息技术、劳动力结构与企业生产率：破解"信息技术生产率悖论"之谜［J］．管理世界，2019，35

（9）：65 – 80.

[32] 洪银兴. 创新是新时代现代化的第一动力 [J]. 经济理论与经济管理，2018（1）：11 – 13.

[33] 黄德春，刘志彪. 环境规制与企业自主创新：基于波特假设的企业竞争优势构建 [J]. 中国工业经济，2006（3）：100 – 106.

[34] 江珂，卢现祥. 环境规制与技术创新：基于中国1997—2007年省际面板数据分析 [J]. 科研管理，2011，32（7）：60 – 66.

[35] 蒋伏心，王竹君，白俊红. 环境规制对技术创新影响的双重效应：基于江苏制造业动态面板数据的实证研究 [J]. 中国工业经济，2013（7）：44 – 55.

[36] 颉茂华，王瑾，刘冬梅. 环境规制，技术创新与企业经营绩效 [J]. 南开管理评论，2014（6）：106 – 113.

[37] 解学梅，朱琪玮. 企业绿色创新实践如何破解"和谐共生"难题？[J]. 管理世界，2021，37（1）：128 – 149，9.

[38] 景维民，张璐. 环境管制，对外开放与中国工业的绿色技术进步 [J]. 经济研究，2014，49（9）：34 – 47.

[39] 康志勇，张杰. 有效需求与自主创新能力影响机制研究：来自中国1980—2004年的经验证据 [J]. 财贸研究，2008（5）：1 – 8.

[40] 黎文靖，郑曼妮. 实质性创新还是策略性创新？：宏观产业政策对微观企业创新的影响 [J]. 经济研究，2016，51（4）：60 – 73.

[41] 李贲，吴利华. 开发区设立与企业成长：异质性与机制研究 [J]. 中国工业经济，2018（4）：79 – 97.

[42] 李斌，彭星，欧阳铭珂. 环境规制、绿色全要素生产率与中国工业发展方式转变：基于36个工业行业数据的实证研究 [J]. 中国工业经济，2013（4）：56 – 68.

［43］李慧云，刘倩颖，李舒怡，等．环境、社会及治理信息披露与企业绿色创新绩效［J］．统计研究，2022，39（12）：38－54．

［44］李嘉楠，孙浦阳，唐爱迪．贸易成本、市场整合与生产专业化：基于商品微观价格数据的验证［J］．管理世界，2019，35（8）：30－43．

［45］李磊，冼国明，包群．"引进来"是否促进了"走出去"？：外商投资对中国企业对外直接投资的影响［J］．经济研究，2018，53（3）：142－156．

［46］李蕾蕾，盛丹．地方环境立法与中国制造业的行业资源配置效率优化［J］．中国工业经济，2018（7）：136－154．

［47］李玲，陶锋．中国制造业最优环境规制强度的选择：基于绿色全要素生产率的视角［J］．中国工业经济，2012（5）：70－82．

［48］李平，慕绣如．波特假说的滞后性和最优环境规制强度分析：基于系统 GMM 及门槛效果的检验［J］．产业经济研究，2013（4）：21－29．

［49］李青原，肖泽华．异质性环境规制工具与企业绿色创新激励：来自上市企业绿色专利的证据［J］．经济研究，2020，55（9）：192－208．

［50］李胜兰，初善冰，申晨．地方政府竞争、环境规制与区域生态效率［J］．世界经济，2014，37（4）：88－110．

［51］李树，陈刚．环境管制与生产率增长：以 APPCL2000 的修订为例［J］．经济研究，2013（1）：17－31．

［52］李思慧，徐保昌．环境规制与技术创新：来自中国地级市层面的经验证据［J］．现代经济探讨，2020（11）：31－40．

［53］李涛，周开国，乔根平．企业增长的决定因素——中国经验

[J]. 管理世界，2005（12）：116-122，172.

[54] 李卫兵，刘方文，王滨. 环境规制有助于提升绿色全要素生产率吗？：基于两控区政策的估计 [J]. 华中科技大学学报（社会科学版），2019，33（1）：72-82.

[55] 李旭超，罗德明，金祥荣. 资源错置与中国企业规模分布特征 [J]. 中国社会科学，2017（2）：25-43.

[56] 梁劲锐，史耀疆，席小瑾. 清洁生产技术创新、治污技术创新与环境规制 [J]. 中国经济问题，2018（6）：76-85.

[57] 刘斌，袁其刚，商辉. 融资约束、歧视与企业规模分布：基于中国工业企业数据的分析 [J]. 财贸经济，2015（3）：72-87.

[58] 刘金科，肖翊阳. 中国环境保护税与绿色创新：杠杆效应还是挤出效应？[J]. 经济研究，2022，57（1）：72-88.

[59] 刘诗源，林志帆，冷志鹏. 税收激励提高企业创新水平了吗？——基于企业生命周期理论的检验 [J]. 经济研究，2020，55（6）：105-121.

[60] 刘志彪，孔令池. 从分割走向整合：推进国内统一大市场建设的阻力与对策 [J]. 中国工业经济，2021（8）：20-36.

[61] 龙小宁，万威. 环境规制、企业利润率与合规成本规模异质性 [J]. 中国工业经济，2017（6）：155-174.

[62] 龙小宁，易巍，林志帆. 知识产权保护的价值有多大？：来自中国上市公司专利数据的经验证据 [J]. 金融研究，2018（8）：120-136.

[63] 陆毅，李冬娅，方琦璐，等. 产业集聚与企业规模：来自中国的证据 [J]. 管理世界，2010（8）：84-89.

[64] 吕承超，王媛媛. 金融市场分割、信贷失衡与技术创新产

出：基于企业异质性的制造业上市公司数据分析［J］.产业经济研究，2019（6）：63 – 75.

［65］吕岩威，刘洋，杨菲.创新系统主体间协同关系对绿色创新效率影响的实证分析［J］.中国科技论坛，2021（11）：132 – 141.

［66］吕越，田琳，吕云龙.市场分割会抑制企业高质量创新吗？［J］.宏观质量研究，2021（1）：29 – 44.

［67］吕越，张昊天.打破市场分割会促进中国企业减排吗？［J］.财经研究，2021（9）：4 – 18.

［68］罗伯特·M·索洛.增长理论：一种解析［M］.冯健，等，译，杨瑞龙，杨其静，校译.北京：中国财政经济出版社，2004.

［69］马富萍，郭晓川，茶娜.环境规制对技术创新绩效影响的研究：基于资源型企业的实证检验［J］.科学学与科学技术管理，2011，32（8）：87 – 92.

［70］马述忠，张洪胜.集群商业信用与企业出口：对中国出口扩张奇迹的一种解释［J］.经济研究，2017，52（1）：13 – 27.

［71］马歇尔.经济学原理（上卷）［M］.北京：商务印书馆，1981.

［72］马永强，赵良凯，杨华悦，等.空气污染与企业绿色创新：基于我国重污染行业 A 股上市公司的经验证据［J］.产业经济研究，2021（6）：116 – 128.

［73］毛凯军.技术创新：理论回顾与探讨［J］.科学学与科学技术管理，2005（10）：55 – 59.

［74］毛其淋，盛斌.对外经济开放、区域市场整合与全要素生产率［J］.经济学（季刊），2012（1）：181 – 210.

［75］毛其淋，王澍.地方金融自由化如何影响中国企业出口？：以城市商业银行发展为例［J］.世界经济研究，2019（8）：11 – 29.

[76] 毛其淋. 人力资本推动中国加工贸易升级了吗?[J]. 经济研究, 2019, 54 (1): 52 - 67.

[77] 毛其淋. 外资进入自由化如何影响了中国本土企业创新? [J]. 金融研究, 2019 (1): 72 - 90.

[78] 梅冬州, 杨龙见, 高崧耀. 融资约束、企业异质性与增值税减税的政策效果 [J]. 中国工业经济, 2022 (5): 24 - 42.

[79] 聂辉华. 企业: 一种人力资本使用权交易的粘性组织 [J]. 经济研究, 2003 (8): 64 - 69.

[80] 欧阳文和, 高政利, 李坚飞. 零售企业规模无边界的理论与实证分析: 以沃尔玛为例 [J]. 中国工业经济, 2006 (4): 108 - 115.

[81] 彭纪生, 刘伯军. 技术创新理论探源及本质界定 [J]. 科技进步与对策, 2002 (12): 101 - 103.

[82] 彭文斌, 文泽宙, 邝嫦娥. 中国城市绿色创新空间格局及其影响因素 [J]. 广东商学院学报, 2019, 34 (1): 25 - 37.

[83] 彭星, 李斌. 不同类型环境规制下中国工业绿色转型问题研究 [J]. 财经研究, 2016, 42 (7): 134 - 144.

[84] 彭雪蓉, 魏江. 利益相关者环保导向与企业生态创新: 高管环保意识的调节作用 [J]. 科学学研究, 2015 (7): 1109 - 1120.

[85] 齐绍洲, 林屾, 崔静波. 环境权益交易市场能否诱发绿色创新?: 基于我国上市公司绿色专利数据的证据 [J]. 经济研究, 2018, 53 (12): 129 - 143.

[86] 钱丽, 王文平, 肖仁桥. 共享投入关联视角下中国区域工业企业绿色创新效率差异研究 [J]. 中国人口·资源与环境, 2018, 28 (5): 27 - 39.

[87] 卿陶, 黄先海. 最低工资与企业技术进步路径: 技术引进还

是自主创新 [J]. 经济学动态, 2022 (8): 61 - 78.

[88] 任海云, 聂景春. 企业异质性、政府补助与 R&D 投资 [J]. 科研管理, 2018, 39 (6): 37 - 47.

[89] 邵志浩, 才国伟. 媒体报道与企业外部融资 [J]. 中南财经政法大学学报, 2020 (4): 15 - 26.

[90] 邵志浩, 才国伟. 企业存在策略性的媒体信息管理行为吗?: 来自中国上市公司并购重组的证据 [J]. 南开经济研究, 2020 (3): 103 - 122.

[91] 沈坤荣, 金刚, 方娴. 环境规制引起了污染就近转移吗? [J]. 经济研究, 2017, 52 (5): 44 - 59.

[92] 沈能, 刘凤朝. 高强度的环境规制真能促进技术创新吗?: 基于 "波特假说" 的再检验 [J]. 中国软科学, 2012 (4): 49 - 59.

[93] 沈能. 环境规制对区域技术创新影响的门槛效应 [J]. 中国人口·资源与环境, 2012, 22 (6): 12 - 16.

[94] 沈能. 环境效率、行业异质性与最优规制强度: 中国工业行业面板数据的非线性检验 [J]. 中国工业经济, 2012 (3): 56 - 68.

[95] 盛斌, 毛其淋. 贸易自由化、企业成长和规模分布 [J]. 世界经济, 2015, 38 (2): 3 - 30.

[96] 盛丹, 李蕾蕾. 地区环境立法是否会促进企业出口 [J]. 世界经济, 2018, 41 (11): 145 - 168.

[97] 盛丹, 张国峰. 两控区环境管制与企业全要素生产率增长 [J]. 管理世界, 2019, 35 (2): 24 - 42.

[98] 史宇鹏, 周黎安. 地区放权与经济效率: 以计划单列为例 [J]. 经济研究, 2007, 42 (1): 17 - 28.

[99] 宋德勇, 李超, 李项佑. 新型基础设施建设是否促进了绿色

技术创新的"量质齐升":来自国家智慧城市试点的证据 [J]. 中国人口·资源与环境,2021,31 (11):155 – 164.

[100] 宋马林,王舒鸿. 环境规制、技术进步与经济增长 [J]. 经济研究,2013,48 (3):122 – 134.

[101] 孙学敏,王杰. 环境规制对中国企业规模分布的影响 [J]. 中国工业经济,2014 (12):44 – 56.

[102] 孙燕铭,谌思邈. 长三角区域绿色技术创新效率的时空演化格局及驱动因素 [J]. 地理研究,2021,40 (10):2743 – 2759.

[103] 唐杰英. 环境规制、两控区政策与FDI的区位选择:基于中国企业数据的实证研究 [J]. 国际贸易问题,2019 (5):117 – 129.

[104] 唐礼智,周林,杨梦俊. 环境规制与企业绿色创新——基于"大气十条"政策的实证研究 [J]. 统计研究,2022,39 (12):55 – 68.

[105] 唐为. 要素市场一体化与城市群经济的发展:基于微观企业数据的分析 [J]. 经济学(季刊),2021 (1):1 – 22.

[106] 陶锋,赵锦瑜,周浩. 环境规制实现了绿色技术创新的"增量提质"吗:来自环保目标责任制的证据 [J]. 中国工业经济,2021 (2):136 – 154.

[107] 田露露,韩超. 环境规制提高了企业市场势力吗?——兼论非公平竞争的存在 [J]. 中国地质大学学报(社会科学版),2021,21 (4):73 – 89.

[108] 童伟伟,张建民. 环境规制能促进技术创新吗:基于中国制造业企业数据的再检验 [J]. 财经科学,2012 (11):66 – 74.

[109] 汪利平,于秀玲. 清洁生产和末端治理的发展 [J]. 中国人口·资源与环境,2010,20 (3):428 – 431.

[110] 王分棉，贺佳.地方政府环境治理压力会"挤出"企业绿色创新吗？[J].中国人口·资源与环境，2022，32（2）：140－150.

[111] 王国印，王动.波特假说、环境规制与企业技术创新：对中东部地区的比较分析 [J].中国软科学，2011（1）：100－112.

[112] 王婧，杜广杰.中国城市绿色创新水平的空间差异及分布动态 [J].中国人口科学，2021（4）：74－85，127.

[113] 王雯岚，许荣.高校校友联结促进公司创新的效应研究 [J].中国工业经济，2020（8）：156－174.

[114] 王馨，王营.环境信息公开的绿色创新效应研究：基于《环境空气质量标准》的准自然实验 [J].金融研究，2021（10）：134－152.

[115] 王馨，王营.绿色信贷政策增进绿色创新研究 [J].管理世界，2021，37（6）：173－188，11.

[116] 王旭，褚旭.制造业企业绿色技术创新的同群效应研究：基于多层次情境的参照作用 [J].南开管理评论，2022，25（2）：68－81.

[117] 王旭，王非.无米下锅抑或激励不足？政府补贴、企业绿色创新与高管激励策略选择 [J].科研管理，2019，40（7）：131－139.

[118] 王永进，盛丹，李坤望.中国企业成长中的规模分布：基于大企业的研究 [J].中国社会科学，2017（3）：26－47.

[119] 王勇，李雅楠，俞海.环境规制影响加总生产率的机制和效应分析 [J].世界经济，2019，42（2）：97－121.

[120] 王珍愚，曹瑜，林善浪.环境规制对企业绿色技术创新的影响特征与异质性：基于中国上市公司绿色专利数据 [J].科学学研究，2021（5）：909－919.

［121］王志锋，王优容，王云亭，等．城市行政等级与经济增长：基于开发区的视角［J］．宏观经济研究，2017（11）：115－127.

［122］吴力波，任飞州，徐少丹．环境规制执行对企业绿色创新的影响［J］．中国人口·资源与环境，2021（1）：90－99.

［123］武剑锋，叶陈刚，刘猛．环境绩效、政治关联与环境信息披露——来自沪市A股重污染行业的经验证据［J］．山西财经大学学报，2015，37（7）：99－110.

［124］肖兴志，张伟广，朝镛．僵尸企业与就业增长：保护还是排挤？［J］．管理世界，2019，35（8）：69－83.

［125］熊彼特．经济发展理论［M］．北京：商务印书馆，1990.

［126］熊彼特．资本主义、社会主义和民主主义［M］．北京：商务印书馆，1979.

［127］徐保昌，潘昌蔚，李思慧．环境规制抑制中国企业规模扩张了吗？［J］．中国地质大学学报（社会科学版），2020，20（2）：74－91.

［128］徐保昌，谢建国．排污征费如何影响企业生产率：来自中国制造业企业的证据［J］．世界经济，2016，39（8）：143－168.

［129］徐保昌，谢建国．市场分割与企业生产率：来自中国制造业企业的证据［J］．世界经济，2016（1）：95－122.

［130］徐保昌，闫文影，李秀婷．环境合规推动贸易高质量发展了吗？［J］．世界经济与政治论坛，2022（3）：122－149.

［131］徐佳，崔静波．低碳城市和企业绿色技术创新［J］．中国工业经济，2020，393（12）：178－196.

［132］徐尚昆，郑辛迎，杨汝岱．国有企业工作经历、企业家才能与企业成长［J］．中国工业经济，2020（1）：155－173.

［133］许可，张亚峰．绿色科技创新能带来绿水青山吗？：基于绿色专利视角的研究［J］．中国人口·资源与环境，2021，31（5）：141-151.

［134］许士春，何正霞，龙如银．环境政策工具比较：基于企业减排的视角［J］．系统工程理论与实践，2012，32（11）：2351-2362.

［135］亚当·斯密．国富论（下）［M］．唐日松，等，译．北京：华夏出版社，2013.

［136］杨柳勇，张泽野．绿色信贷政策对企业绿色创新的影响［J］．科学学研究，2022（2）：345-356.

［137］杨冕，王恩泽，叶初升．环境管理体系认证与中国制造业企业出口"增量提质"［J］．中国工业经济，2022，411（6）：155-173.

［138］杨冕，袁亦宁，万攀兵．环境规制、银行业竞争与企业债务融资成本：来自"十一五"减排政策的证据［J］．经济评论，2022（2）：122-136.

［139］杨晓辉，游达明．考虑消费者环保意识与政府补贴的企业绿色技术创新决策研究［J］．中国管理科学，2022，30（9）：263-274.

［140］银温泉，才婉茹．我国地方市场分割的成因和治理［J］．经济研究，2001（6）：3-12，95.

［141］尤喆，成金华，易明．构建市场导向的绿色技术创新体系：重大意义与实践路径［J］．学习与实践，2019（5）：5-11.

［142］余东华，胡亚男．环境规制趋紧阻碍中国制造业创新能力提升吗？：基于"波特假说"的再检验［J］．产业经济研究，2016（2）：11-20.

［143］余泳泽，郭梦华，胡山．社会失信环境与民营企业成长——

来自城市失信人的经验证据 [J]. 中国工业经济, 2020 (9): 137 - 155.

[144] 余泳泽, 林彬彬. 偏向性减排目标约束与技术创新——"中国式波特假说"的检验 [J]. 数量经济技术经济研究, 2022, 39 (11): 113 - 135.

[145] 余泳泽, 尹立平. 中国式环境规制政策演进及其经济效应: 综述与展望 [J]. 改革, 2022 (3): 114 - 130.

[146] 俞立平, 郑济杰, 张再杰. 地区市场分割对创新数量、创新质量的影响机制研究 [J]. 宏观质量研究, 2022 (1): 12 - 26.

[147] 原毅军, 谢荣辉. FDI、环境规制与中国工业绿色全要素生产率增长: 基于 Luenberger 指数的实证研究 [J]. 国际贸易问题, 2015 (8): 84 - 93.

[148] 张彩云, 吕越. 绿色生产规制与企业研发创新——影响及机制研究 [J]. 经济管理, 2018, 40 (1): 71 - 91.

[149] 张彩云, 王勇, 李雅楠. 生产过程绿色化能促进就业吗: 来自清洁生产标准的证据 [J]. 财贸经济, 2017, 38 (3): 131 - 146.

[150] 张成, 陆旸, 郭路, 等. 环境规制强度和生产技术进步 [J]. 经济研究, 2011, 46 (2): 113 - 124.

[151] 张凤海, 侯铁珊. 技术创新理论述评 [J]. 东北大学学报 (社会科学版), 2008 (2): 101 - 105.

[152] 张海玲. 技术距离、环境规制与企业创新 [J]. 中南财经政法大学学报, 2019 (2): 147 - 156.

[153] 张华. 地区间环境规制的策略互动研究: 对环境规制非完全执行普遍性的解释 [J]. 中国工业经济, 2016 (7): 74 - 90.

[154] 张慧玲, 盛丹. 前端污染治理对我国企业生产率的影响: 基于边界断点回归方法的研究 [J]. 经济评论, 2019 (1): 75 - 90.

[155] 张建鹏，陈诗一. 金融发展，环境规制与经济绿色转型 [J]. 财经研究，2021，47（11）：78-93.

[156] 张杰，张培丽，黄泰岩. 市场分割推动了中国企业出口吗？ [J]. 经济研究，2010，45（8）：29-41.

[157] 张杰，周晓艳. 中国本土企业为何不创新：基于市场分割视角的一个解读 [J]. 山西财经大学学报，2011（6）：82-93.

[158] 张平，张鹏鹏，蔡国庆. 不同类型环境规制对企业技术创新影响比较研究 [J]. 中国人口·资源与环境，2016，26（4）：8-13.

[159] 张琦，郑瑶，孔东民. 地区环境治理压力、高管经历与企业环保投资：一项基于《环境空气质量标准（2012）》的准自然实验 [J]. 经济研究，2019，54（6）：183-198.

[160] 张天华，陈博潮，刘宜坤. 行政审批制度改革如何缓解企业规模分布扭曲？ [J]. 经济评论，2019（4）：32-48.

[161] 张维迎，周黎安，顾全林. 高新技术企业的成长及其影响因素：分位回归模型的一个应用 [J]. 管理世界，2005（10）：94-112.

[162] 张小筠，刘戒骄. 新中国70年环境规制政策变迁与取向观察 [J]. 改革，2019（10）：16-25.

[163] 张中元，赵国庆. FDI、环境规制与技术进步：基于中国省级数据的实证分析 [J]. 数量经济技术经济研究，2012，29（4）：19-32.

[164] 赵红. 环境规制对产业技术创新的影响：基于中国面板数据的实证分析 [J]. 产业经济研究，2008（3）：35-40.

[165] 赵红. 环境规制对企业技术创新影响的实证研究：以中国30个省份大中型工业企业为例 [J]. 软科学，2008（6）：121-125.

[166] 赵红. 环境规制对中国产业技术创新的影响 [J]. 经济管

理，2007，429（21）：57 - 61.

[167] 赵路，高红贵，肖权 . 中国工业绿色创新效率动态演变趋势及其空间溢出效应研究 [J]. 统计与决策，2020，36（7）：95 - 99.

[168] 赵玉民，朱方明，贺立龙 . 环境规制的界定、分类与演进研究 [J]. 中国人口·资源与环境，2009，19（6）：85 - 90.

[169] 钟茂初，李梦洁，杜威剑 . 环境规制能否倒逼产业结构调整：基于中国省际面板数据的实证检验 [J]. 中国人口·资源与环境，2015，25（8）：107 - 115.

[170] 周煊，程立茹，王皓 . 技术创新水平越高企业财务绩效越好吗?：基于 16 年中国制药上市公司专利申请数据的实证研究 [J]. 金融研究，2012（8）：166 - 179.

[171] 朱斌，吕鹏 . 中国民营企业成长路径与机制 [J]. 中国社会科学，2020（4）：138 - 158.

[172] 朱平芳，张征宇，姜国麟 . FDI 与环境规制：基于地方分权视角的实证研究 [J]. 经济研究，2011（6）：133 - 145.

[173] 朱于珂，高红贵，丁奇男，等 . 地方环境目标约束强度对企业绿色创新质量的影响——基于数字经济的调节效应 [J]. 中国人口·资源与环境，2022，32（5）：106 - 119.

[174] 邹荣，王满仓，李勇 . 新常态下中国自主创新困境的制度性因素分析 [J]. 西北大学学报（哲学社会科学版），2017（1）：123 - 127.

[175] ABADIE A, DRUKKER D, HERR J, et al. Implementing matching estimators for average treatment effects in stata [J]. The Stata journal, 2004, 4（3）：290 - 311.

[176] ACEMOGLU D, AGHION P, BURSZTYN L, HEMOUS D.

The environment and directed technical change [J]. American economic review, 2012, 102 (1): 133 – 166.

[177] ALBUQUERQUE R, KOSKINEN Y, ZHANG C. Corporate social responsibility and firm risk: Theory and empirical evidence [J]. Management science, 2019, 65 (10): 4451 – 4469.

[178] AMBEC S, COHEN M A, ELGIE S, PAUL L. Porter Hypothesis at 20: Can environmental regulation enhance innovation and competitiveness? [J]. Review of environmental economics & policy, 2013, 7 (1): 2 – 22.

[179] AOKI M, YOSHIKAWA H. Demand saturation-creation and economic growth [J]. Journal of economic behavior & organization, 2002, 48 (2): 127 – 154.

[180] ARFI W B, HIKKEROVA L, SAHUT J. External knowledge sources, green innovation and performance [J]. Technological forecasting and social change, 2018, 129: 210 – 220.

[181] ASWANI J, CHIDAMBARAN N K, HASAN I. Who benefits from mandatory CSR? Evidence from the Indian Companies Act 2013 [J]. Emerging markets review, 2021, 46: 100753.

[182] AXTELL R L. Zipf distribution of U. S. firm sizes [J]. Science. 2001, 293 (5536): 1818 – 1820.

[183] BARON D P. Corporate social responsibility and social entrepreneurship [J]. Journal of economics & management strategy, 2007, 16 (3): 683 – 717.

[184] BECK T, LEVINE R, LEVKOV A. Big bad banks? The winners and losers from bank deregulation in the United States [J]. The journal

of finance, 2010, 65 (5): 1637 – 1667.

[185] BECKER S O, ANDREA I. Estimation of average treatment effects based on propensity scores [J]. The stata journal, 2002, 2 (4): 358.

[186] BERMAN E, BUI L T M. Environmental regulation and productivity: Evidence from oil refineries [J]. The review of economics and statistic, 2001, 88 (3): 498 – 510.

[187] BERNAUER T, ENGEL S, KAMMERER D, NOGAREDA J S. Explaining green innovation: Ten years after Porter's win-win proposition: How to study the effects of regulation on corporate environmental innovation? [J]. Politische vierteljahresschrift, 2007, 39: 323 – 341.

[188] BITAT A. Environmental regulation and eco-innovation: the Porter Hypothesis refined [J]. Eurasian business review, 2018, 8: 299 – 321.

[189] BOLDRIN M, LEVINE D K. Rent-seeking and innovation [J]. Journal of monetary economics, 2008, 51 (1): 127 – 160.

[190] BRANNLUND R, CHUNG Y, FARE R, et al. Emissions trading and profitability: The Swedish pulp and paper industry [J]. Environmental & resource economics, 1998, 12 (3): 345 – 356.

[191] BRUNNERMEIER S B, COHEN M A. Determinants of environmental innovation in US manufacturing industries [J]. Journal of environmental economics and management, 2003, 45 (2): 278 – 293.

[192] BU M, QIAO Z, LIU B. Voluntary environmental regulation and firm innovation in China [J]. Economic modelling, 2020, 89: 10 – 18.

[193] BUCHANAN B, CAO C X, CHEN C. Corporate social respon-

sibility, firm value, and influential institutional ownership [J]. Journal of corporate finance, 2018, 52: 73 – 95.

[194] CAI X, ZHU B, ZHANG H, et al. Can direct environmental regulation promote green technology innovation in heavily polluting industries? Evidence from Chinese listed companies [J]. Science of the total environment, 2020, 746: 140810.

[195] CALZA F, PARMENTOLA A, TUTORE I. Types of green innovations: Ways of implementation in a non-green industry [J]. Sustainability, 2017, 9 (8): 1301.

[196] CHADRABORTY P, CHATTERJEE C. Does environmental regulation indirectly induce upstream innovation? New evidence from India [J]. Research policy, 2017, 46 (5): 939 – 955.

[197] CHEN J, WANG X, SHEN W, et al. Environmental uncertainty, environmental regulation and enterprises' green technological innovation [J]. International journal of environmental research and public health, 2022, 19 (16): 9781.

[198] CHEN Y C, HUNG M, WANG Y. The effect of mandatory CSR disclosure on firm profitability and social externalities: Evidence from China [J]. Journal of accounting and economics, 2018, 65 (1): 169 – 190.

[199] CHEN Y, YAO Z, ZHONG K. Do environmental regulations of carbon emissions and air pollution foster green technology innovation: Evidence from China's prefecture-level cities [J]. Journal of cleaner production, 2022, 350: 131537.

[200] CHINTRAKARN P, JIRAPORN P, JIRAPORN N, DAVIDSON T. Estimating the effect of corporate social responsibility on firm value

using geographic identification [J]. Asia – Pacific journal of financial studies, 2017, 46 (2): 276 – 304.

[201] CUI R, WANG J. Shaping sustainable development: External environmental pressure, exploratory green learning, and radical green innovation [J]. Corporate social responsibility and environmental management, 2022, 29 (3): 481 – 495.

[202] DAHLSRUD A. How corporate social responsibility is defined: An analysis of 37 definitions [J]. Corporate social responsibility and environmental management, 2008, 15 (1): 1 – 13.

[203] D'AMATO A, FALIVENA C. Corporate social responsibility and firm value: Do firm size and age matter? Empirical evidence from European listed companies [J]. Corporate social responsibility and environmental management, 2020, 27 (2): 909 – 924.

[204] DEAN T J, BROWN R L, STANGO V. Environmental regulation as a barrier to the formation of small manufacturing establishments: A longitudinal examination [J]. Journal of environmental economics and management, 2000, 40 (1): 56 – 75.

[205] DENG J, ZHANG N, AHMAD F, et al. Local government competition, environmental regulation intensity and regional innovation performance: An empirical investigation of Chinese provinces [J]. International journal of environmental research and public health, 2019, 16 (12): 2130.

[206] DERTOUZOS M L, LESTER R K, SOLOW R M. Made in America [M]. Cambridge, MA: MIT Press, 1989.

[207] DERTOUZOS, MICHAEL L. Made in America: Regaining the

productive edge [J]. The national association for business economists, 1989, 3 (1): 255 - 273.

[208] DI GIULI A, KOSTOVETSKY L. Are red or blue companies more likely to go green? Politics and corporate social responsibility [J]. Journal of financial economics, 2014, 111 (1): 158 - 180.

[209] DICKINSON V. Cash flow patterns as a proxy for firm life cycle [J]. The accounting review, 2011, 86 (6): 1969 - 1994.

[210] DOMAZLICKY B R , WEBER W L . Does environmental protection lead to slower productivity growth in the chemical industry? [J]. Environmental & resource economics, 2004, 28 (3): 301 - 324.

[211] DU K, CHENG Y, YAO X. Environmental regulation, green technology innovation, and industrial structure upgrading: The road to the green transformation of Chinese cities [J]. Energy economics, 2021, 98: 105247.

[212] DU L, LIN W, DU J, et al. Can vertical environmental regulation induce enterprise green innovation? A new perspective from automatic air quality monitoring station in China [J]. Journal of environmental management, 2022, 317: 115349.

[213] DU Y, LI Z, DU J, et al. Public environmental appeal and innovation of heavy-polluting enterprises [J]. Journal of cleaner production, 2019, 222: 1009 - 1022.

[214] DUAN D, XIA Q. Does environmental regulation promote environmental innovation? An empirical study of cities in China [J]. International journal of environmental research and public health, 2021, 19 (1): 139.

[215] DUAN N, DAN Z, WANG F, et al. Electrolytic manganese

metal industry experience based China's new model for cleaner production promotion [J]. Journal of cleaner production, 2011, 19 (17 –18): 2082 – 2087.

[216] FAN F, LIAN H, LIU X, et al. Can environmental regulation promote urban green innovation Efficiency? An empirical study based on Chinese cities [J]. Journal of cleaner production, 2021, 287: 125060.

[217] FANG Y, SHAO Z. Whether green finance can effectively moderate the green technology innovation effect of heterogeneous environmental regulation [J]. International journal of environmental research and public health, 2022, 19 (6): 3646.

[218] FAZZARI S, HUBBARD R G, PETERSEN B C. Financing constraints and corporate investment [J]. NBER working papers, 1987.

[219] FENG S, ZHANG R, LI G. Environmental decentralization, digital finance and green technology innovation [J]. Structural change and economic dynamics, 2022, 61: 70 – 83.

[220] FENG Y, WANG X, DU W, et al. Effects of environmental regulation and FDI on urban innovation in China: A spatial Durbin econometric analysis [J]. Journal of cleaner production, 2019, 235: 210 – 224.

[221] FENG Z, ZENG B, MING Q. Environmental regulation, two-way foreign direct investment, and green innovation efficiency in China's manufacturing industry [J]. International journal of environmental research and public health, 2018, 15 (10): 2292.

[222] FRIEDE G, BUSCH T, BASSEN A. ESG and financial performance: Aggregated evidence from more than 2000 empirical studies [J]. Journal of sustainable finance & investment, 2015, 5 (4): 210 – 233.

［223］GHISETTI C, MAZZANTI M, MANCINELLI S, et al. Do financial constraints make the environment worse off? Understanding the effects of financial barriers on environmental innovations ［J］. SEEDS working papers, 2015.

［224］GRAY W B, SHADBEGIAN R J. Plant vintage, technology, and environmental regulation ［J］. Journal of environmental economics and management, 2003, 46 （3）: 384 – 402.

［225］GRAY W, SHABEGIAN B. Pollution abatement cost, regulation and plant level productivity ［J］. NBER working paper, 1995.

［226］GREENSTONE M, LIST J A, SYVERSON C. The effects of environmental regulation on the competitiveness of U. S. manufacturing ［J］. NBER working papers, 2012, 93 （2）: 431 – 435.

［227］GREENSTONE M. The impacts of environmental regulations on industrial activity: Evidence from the 1970 and 1977 Clean Air Act Amendments and the Census of Manufactures ［J］. Journal of political economy, 2002, 110 （6）: 1175 – 1219.

［228］GREGORY A, THARYAN R, WHITTAKER J. Corporate social responsibility and firm value: Disaggregating the effects on cash flow, risk and growth ［J］. Journal of business ethics, 2014, 124: 633 – 657.

［229］GUO L L, QU Y, TSENG M L. The interaction effects of environmental regulation and technological innovation on regional green growth performance ［J］. Journal of cleaner production, 2017, 162: 894 – 902.

［230］GUO Q, ZHOU M, LIU N, et al. Spatial effects of environmental regulation and green credits on green technology innovation under low-carbon economy background conditions ［J］. International journal of environmental research and public health, 2019, 16 (17): 3027.

[231] HADLOCK J, PIERCE J. New evidence on measuring financial constraints moving beyond the KZ index [J]. Review of financial studies, 2010 (5): 1909 – 1940.

[232] HANNA R. US environmental regulation and FDI: Evidence from a panel of US – based multinational firms [J]. Applied economics, 2010, 2 (3): 158 – 189.

[233] HATTORI K. Optimal combination of innovation and environmental policies under technology licensing [J]. Economic modelling, 2017, 64: 601 – 609.

[234] HE K, CHEN W, ZHANG L. Senior management's academic experience and corporate green innovation [J]. Technological forecasting and social change, 2021, 166 (2): 120664.

[235] HE Y, DING X, YANG C. Do environmental regulations and financial constraints stimulate corporate technological innovation? Evidence from China [J]. Journal of Asian economics, 2021, 72: 101265.

[236] HERMAN K S, XIANG J. Environmental regulatory spillovers, institutions, and clean technology innovation: A panel of 32 countries over 16 years [J]. Energy research & social science, 2020, 62: 101363.

[237] HORBACH J. Determinants of environmental innovation—New evidence from German panel data sources [J]. Research policy, 2008, 37 (1): 163 – 173.

[238] HU J, PAN X, HUANG Q. Quantity or quality? The impacts of environmental regulation on firms' innovation—Quasi-natural experiment based on China's carbon emissions trading pilot [J]. Technological forecasting and

social change, 2020, 158: 120122.

[239] HU S, LIU S. Do the coupling effects of environmental regulation and R&D subsidies work in the development of green innovation? Empirical evidence from China [J]. Clean technologies and environmental policy, 2019, 21: 1739-1749.

[240] HU Y, DAI X, ZHAO L. Digital finance, environmental regulation, and green technology innovation: An Empirical study of 278 cities in China [J]. Sustainability, 2022, 14 (14): 8652.

[241] HUMPHREY J E, LEE D D, SHEN Y. Does it cost to be sustainable? [J]. Journal of corporate finance, 2012, 18 (3): 626-639.

[242] JAFFE A B, PALMER K. Environmental regulation and innovation: A panel data study? [J]. Review of economics and statistics, 1997, 79 (4): 610-619.

[243] JAMES P. The sustainability circle: A new tool for product development and design [J]. Journal of sustainable product design, 1997 (2): 52-57.

[244] JEAN O L, ASHOKA M. Innovation and the international diffusion of environmentally responsive technology [J]. Research policy, 1996, 25 (4): 549-571.

[245] JIANG Z, WANG Z, LAN X. How environmental regulations affect corporate innovation? The coupling mechanism of mandatory rules and voluntary management [J]. Technology in society, 2021, 65: 101575.

[246] JIANG Z, WANG Z, LI Z. The effect of mandatory environmental regulation on innovation performance: Evidence from China [J]. Journal of cleaner production, 2018, 203: 482-491.

［247］JIANG Z, WANG Z, ZENG Y. Can voluntary environmental regulation promote corporate technological innovation? ［J］. Business strategy and the environment, 2020, 29 (2): 390 –406.

［248］KAPLAN S N, LUIGI Z. Do investment-cash flow sensitivities provide useful measures of financing constraints? ［J］. Quarterly journal of economics, 1997 (1): 169 –215.

［249］KELLER W, LEVINSON A. Pollution abatement costs and foreign direct investment inflows to U. S. states ［J］. Review of economics & statistics, 2002, 84 (4): 691 –703.

［250］KEMP R, PEARSON P. Final report—MEI (measuring eco-innovation) ［R］. Working paper, 2008.

［251］KEMP R, PONTOGLIO S. The innovation effects of environmental policy instruments—A typical case of the blind men and the elephant? ［J］. Ecological economics, 2011, 72: 28 –36.

［252］KESIDOU E, WU L. Stringency of environmental regulation and eco-innovation: Evidence from the eleventh FiPlan and green patents ［J］. Economics letters, 2020, 190: 109090.

［253］KUMAR K B, RAJAN R G, ZINGALES L. What determines firm size? ［J］. CEPR discussion papers, 2001, 7208: 1 –51.

［254］LAI H, WANG F, GUO C. Can environmental awards stimulate corporate green technology innovation? Evidence from Chinese listed companies ［J］. Environmental dcience and pollution research, 2022, 29 (10): 1 –15.

［255］LANOIE P, LAURENT – LUCCHETTI J, JOHNSTONE N, et al. Environmental policy, innovation and performance: New insights on the Porter hypothesis [J]. Journal of economics & management strategy, 2011, 20 (3): 803 – 842.

[256] LANOIE P, PATRY M, LAJEUNESSE R. Environmental regulation and productivity: New findings on the Porter Hypothesis [J]. Cahiers de recherche. 2001, 30 (2): 121 – 128.

[257] LENTZ R, MORTENSEN D T. An empirical model of growth through product innovation [J]. Econometrica, 2008, 76 (6): 1317 – 1373.

[258] LI D, LU Y, WU M. Industrial agglomeration and firm size: Evidence from China [J]. Regional science and urban economics, 2012, 42 (1): 135 – 143.

[259] LI D, TANG F, ZHANG L. Differential effects of voluntary environmental programs and mandatory regulations on corporate green innovation [J]. Natural hazards, 2020, 103: 3437 – 3456.

[260] LI F, LI T, MINOR D. CEO power, corporate social responsibility, and firm value: A test of agency theory [J]. International journal of managerial finance, 2016, 12 (5): 611 – 628.

[261] LI G, LI X, WANG N. Research on the influence of environmental regulation on technological innovation efficiency of manufacturing industry in China [J]. International journal of environmental science and technology, 2022, 19 (6): 5239 – 5252.

[262] LI J, DU Y X. Spatial effect of environmental regulation on green innovation efficiency: Evidence from prefectural-level cities in China [J]. Journal of cleaner production, 2021, 286: 125032.

[263] LI K, LIN B. Impact of energy conservation policies on the green

productivity in China's manufacturing sector: Evidence from a three-stage DEA model [J]. Applied energy, 2016, 168: 351 – 363.

[264] LI M, GAO X. Implementation of enterprises' green technology innovation under market-based environmental regulation: An evolutionary game approach [J]. Journal of environmental management, 2022, 308: 114570.

[265] LI X, DU K, OUYANG X, et al. Does more stringent environmental regulation induce firms' innovation? Evidence from the 11th Five – Year Plan in China [J]. Energy economics, 2022, 112: 106110.

[266] LI Z, HUANG Z, SU Y. New media environment, environmental regulation and corporate green technology innovation: Evidence from China [J]. Energy economics, 2023: 106545.

[267] LIAN Y, SU Z, GU Y. Evaluating the effects of equity incentives using PSM: Evidence from China [J]. Frontiers of business research in China. 2011, 5 (2): 266 – 290.

[268] LIM S, PRAKASH A. Voluntary regulations and innovation: The case of ISO 14001 [J]. Public administration review, 2014, 74 (2): 233 – 244.

[269] LINDE P. Toward a new conception of the environment-competitiveness relationship [J]. Journal of economic perspectives, 1995, 9 (4): 97 – 118.

[270] LIU M, LI Y. Environmental regulation and green innovation: Evidence from China's carbon emissions trading policy [J]. Finance research letters, 2022, 48: 103051.

[271] LIU Y, WANG A, WU Y. Environmental regulation and green

innovation: Evidence from China's new environmental protection law [J]. Journal of cleaner production, 2021, 297: 126698.

[272] LU Y, WU M, YU L. Is there a Pollution Haven Effect? Evidence from a natural experiment in China [J]. MPRA paper, 2012, 38787.

[273] LU Y, YU L. Trade liberalization and markup dispersion: Evidence from China's WTO accession [J]. American economic journal applied economics, 2015, 7 (4): 221 – 253.

[274] LUTTMER E G J. Selection, growth, and the size distribution of firms [J]. Quarterly journal of economics, 2007, 122 (3): 1103 – 1144.

[275] MASULIS R W, REZA S W. Agency problems of corporate philanthropy [J]. The review of financial studies, 2015, 28 (2): 592 – 636.

[276] MBANYELE W, WANG F. Environmental regulation and technological innovation: Evidence from China [J]. Environmental science and pollution research, 2022, 29 (9): 12890 – 12910.

[277] MILLER D, FRIESEN P H. A longitudinal study of the corporate life cycle [J]. Management science, 1984, 30 (10): 1161 – 1183.

[278] MONTERO J P. Permits, standards, and technology innovation [J]. Journal of environmental economics and management, 2002, 44 (1): 23 – 44.

[279] MULAESSA N, LIN L. How do proactive environmental strategies affect green innovation? The moderating role of environmental regulations and firm performance [J]. International journal of environmental research and public health, 2021, 18 (17): 9083.

[280] MULYADI M S, ANWAR Y. Impact of corporate social responsibility toward firm value and profitability [J]. The business review, Cam-

bridge, 2012, 19 (2): 316 – 322.

[281] NELLING E, WEBB E. Corporate social responsibility and financial performance: the "virtuous circle" revisited [J]. Review of quantitative finance and accounting, 2009, 32 (2): 197 – 209.

[282] NIE G Q, ZHU Y F, WU W P, et al. Impact of voluntary environmental regulation on green technological innovation: Evidence from Chinese manufacturing enterprises [J]. Frontiers in energy research, 2022, 10: 889037.

[283] NIE X, WU J, ZHANG W, et al. Can environmental regulation promote urban innovation in the underdeveloped coastal regions of western China? [J]. Marine policy, 2021, 133: 104709.

[284] PAN X, CHENG W, GAO Y, et al. Is environmental regulation effective in promoting the quantity and quality of green innovation? [J]. Environmental science and pollution research, 2021, 28: 6232 – 6241.

[285] PANG R, ZHENG D, SHI M, et al. Pollute first, control later? Exploring the economic threshold of effective environmental regulation in China's context [J]. Journal of environmental management. 2019, 428 (1): 109 – 275.

[286] PENG H, SHEN N, YING H, et al. Can environmental regulation directly promote green innovation behavior? —Based on situation of industrial agglomeration [J]. Journal of cleaner production, 2021, 314: 128044.

[287] PENG J, SONG Y, TU G, et al. A study of the dual-target corporate environmental behavior (DTCEB) of heavily polluting enterprises under different environment regulations: Green innovation vs. pollutant emissions

[J]. Journal of cleaner production, 2021, 297: 126602.

[288] PENG X. Strategic interaction of environmental regulation and green productivity growth in China: Green innovation or pollution refuge? [J]. Science of the total environment, 2020, 732: 139200.

[289] PENG Y, JI Y. Can Informal Environmental regulation promote green innovation? —A quasi-natural experiment based on environmental information disclosure policy [J]. Polish journal of environmental studies, 2022, 31 (3): 2795 – 2809.

[290] PONCET S. Measuring Chinese domestic and international integration [J]. China economic review, 2003, 14 (1): 1 – 21.

[291] PORTER M E, LINDE C V D. Toward a new conception of the environment-competitiveness relationship [J]. The journal of economic perspectives, 1995, 9 (4): 97 – 118.

[292] PORTER M. America's green strategy [J]. Scientific American, 1991, 264 (4): 193 – 246.

[293] PORTER M. Hypothesis [J]. Cahiers de recherche, 2001, 30 (2): 121 – 128.

[294] QIAN L, WANG W, XIAO R. Research on the regional disparities of China's industrial enterprises green innovation efficiency from the perspective of shared inputs [J]. China population, resources and environment, 2016, 26: 149 – 157.

[295] RAJAN R G, ZINGALES L. Power in a theory of the firm [J]. The quarterly journal of economics, 1998, 113 (2): 387 – 432.

[296] RESTUCCIA D, ROGERSON R. Misallocation and productivity [J]. Review of economic dynamics, 2013, 16 (1): 1 – 10.

[297] REXHÄUSER S, RAMMER C. Environmental innovations and firm profitability: Unmasking the Porter Hypothesis [J]. Environmental and resource economics, 2014, 57: 145 – 167.

[298] ROBERTS B H. The boundaries of the firm revisited [J]. Journal of economic perspectives, 1998, 12 (4): 73 – 94.

[299] SCHERER F M. Firm size, market structure, opportunity, and the output of patented inventions [J]. American economic review, 1965, 55 (5): 1097 – 1125.

[300] SCHERER F M. Inter-industry technology flows and productivity growth [J]. The review of economics and statistics, 1982: 627 – 634.

[301] SERVAES H, TAMAYO A. The impact of corporate social responsibility on firm value: The role of customer awareness [J]. Management science, 2013, 59 (5): 1045 – 1061.

[302] SHANG L, TAN D, FENG S, et al. Environmental regulation, import trade, and green technology innovation [J]. Environmental science and pollution research, 2022, 29 (9): 12864 – 12874.

[303] SHAO S, HU Z, CAO J, et al. Environmental regulation and enterprise innovation: A review [J]. Business strategy and the environment, 2020, 29 (3): 1465 – 1478.

[304] SHAO X, LIU S, RAN R, et al. Environmental regulation, market demand, and green innovation: Spatial perspective evidence from China [J]. Environmental science and pollution research, 2022, 29 (42): 63859 – 63885.

[305] SHEN C, LI S, WANG X, et al. The effect of environmental policy tools on regional green innovation: Evidence from China [J]. Journal

of cleaner production, 2020, 254: 120122.

[306] SONG M, WANG S, ZHANG H. Could environmental regula-
tion and R&D tax incentives affect green product innovation? [J]. Journal of
cleaner production, 2020, 258: 120849.

[307] SUN Z, WANG X, LIANG C, et al. The impact of heterogene-
ous environmental regulation on innovation of high-tech enterprises in China:
Mediating and interaction effect [J]. Environmental science and pollution re-
search, 2021, 28: 8323 – 8336.

[308] TESTA F, IRALDO F, FREY M. The effect of environmental
regulation on firms' competitive performance: The case of the building and
construction sector in some EU regions [J]. Journal of environmental manage-
ment, 2011, 92 (9): 2136 – 2144.

[309] WAGNER M. Empirical influence of environmental management
on innovation: Evidence from Europe [J]. Ecological economics, 2008, 66
(2 – 3): 392 – 402.

[310] WALLACE D. Environmental policy and industrial innovation:
Strategies in Europe, the USA and Japan [M]. London: Routledge, 2017.

[311] WANG F, SUN Z. Does the environmental regulation intensity
and ESG performance have a substitution effect on the impact of enterprise
green innovation: Evidence from China [J]. International journal of environ-
mental research and public health, 2022, 19 (14): 8558.

[312] WANG Y, SUN X, GUO X. Environmental regulation and
green productivity growth: Empirical evidence on the Porter Hypothesis from
OECD industrial sectors [J]. Energy policy, 2019, 132: 611 – 619.

[313] XIA Q, QIU Y, ZHOU M. Economic regulations of coal

enterprises' scale expansion in China [J]. Resources, conservation and recycling, 2018, 129: 366 – 372.

[314] XIANG X, LIU C, YANG M, et al. Confession or justification: The effects of environmental disclosure on corporate green innovation in China [J]. Corporate social responsibility and environmental management, 2020, 27 (6): 2735 – 2750.

[315] XIE R, YUAN Y, HUANG J. Different types of environmental regulations and heterogeneous influence on "green" productivity: Evidence from China [J]. Ecological economics, 2017, 132: 104 – 112.

[316] XU J. Profitability and capital structure: Evidence from import penetration [J]. Journal of financial, 2012, 106 (2): 427 – 446.

[317] YANG L, ZHANG J, ZHANG Y. Environmental regulations and corporate green innovation in China: The role of city leaders' promotion pressure [J]. International journal of environmental research and public health, 2021, 18 (15): 7774.

[318] YANG Y, WANG Y. Research on the impact of environmental regulations on the green innovation efficiency of Chinese industrial enterprises [J]. Polish journal of environmental studies, 2021, 30 (2): 1433 – 1445.

[319] YI M, FANG X, WEN L, et al. The heterogeneous effects of different environmental policy instruments on green technology innovation [J]. International journal of environmental research and public health, 2019, 16 (23): 4660.

[320] YI M, WANG Y, YAN M, et al. Government R&D subsidies, environmental regulations, and their effect on green innovation efficiency of manufacturing industry: Evidence from the Yangtze River economic belt of

China [J]. International journal of environmental research and public health, 2020, 17 (4): 1330.

[321] YOU D, ZHANG Y, Yuan B. Environmental regulation and firm eco-innovation: Evidence of moderating effects of fiscal decentralization and political competition from listed Chinese industrial companies [J]. Journal of cleaner production, 2019, 207: 1072 – 1083.

[322] YU C H, WU X, ZHZNG D, et al. Demand for green finance: Resolving financing constraints on green innovation in China [J]. Energy policy, 2021, 153 (1): 112255.

[323] YU M. Processing trade, Tariff reductions and firm productivity: Evidence from Chinese firms [J]. Economic journal, 2015, 125 (585): 943 – 988.

[324] YUAN B, ZHANG Y. Flexible environmental policy, technological innovation and sustainable development of China's industry: The moderating effect of environment regulatory enforcement [J]. Journal of cleaner production, 2020, 243: 118543.

[325] ZHANG J, YANG Z, MENG L, et al. Environmental regulations and enterprises innovation performance: The role of R&D investments and political connections [J]. Environment, development and sustainability, 2022, 24: 4088 – 4109.

[326] ZHANG Q, YU Z, KONG D. The real effect of legal institutions: Environmental courts and firm environmental protection expenditure [J]. Journal of environmental economics and management, 2019, 98: 102254.

[327] ZHANG W, LO G, GUO F. Does carbon emissions trading pro-

mote green technology innovation in China? [J]. Applied energy, 2022, 315: 119012.

[328] ZHANG Y, HU H, ZHU G, et al. The impact of environmental regulation on enterprises' green innovation under the constraint of external financing: Evidence from China's industrial firms [J]. Environmental science and pollution research, Feb. 2022: 1 – 22.

[329] ZHANG Y, SUN J, YANG Z, WANG Y. Critical success factors of green innovation: Technology, Oorganization and environment readiness [J]. Journal of cleaner production, 2020, 264: 121701.

[330] ZHANG Y, WANG J, XUE Y, et al. Impact of environmental regulations on green technological innovative behavior: An empirical study in China [J]. Journal of cleaner production, 2018, 188: 763 – 773.

[331] ZHANG Z, PENG X, YANG L, et al. How does Chinese central environmental inspection affect corporate green innovation? The moderating effect of bargaining intentions [J]. Environmental science and pollution research, 2022, 29 (28): 42955 – 42972.

[332] ZHAO L, ZHANG L, SUN J, et al. Can public participation constraints promote green technological innovation of Chinese enterprises? The moderating role of government environmental regulatory enforcement [J]. Technological forecasting and social change, 2022, 174: 121198.

[333] ZHAO X, SUN B. The influence of Chinese environmental regulation on corporation innovation and competitiveness [J]. Journal of cleaner production, 2016, 112: 1528 – 1536.

[334] ZHENG Y, LI C, LIU Y. Impact of environmental regulations on the innovation of SMEs: Evidence from China [J]. Environmental tech-

nology & innovation, 2021, 22: 101515.

[335] ZHOU D, YUAN S, XIE D. Voluntary environmental regulation and urban innovation: Evidence from low-carbon pilot cities program in China [J]. Technological forecasting and social change, 2022, 175: 121388.

[336] ZHOU X, DU J. Does environmental regulation induce improved financial development for green technological innovation in China? [J]. Journal of environmental management, 2021, 300: 113685.

[337] ZHU Y, SUN Z, ZHANG S, et al. Economic policy uncertainty, environmental regulation, and green innovation—An empirical study based on chinese high-tech enterprises [J]. International journal of environmental research and public health, 2021, 18: 9503.

[338] ZHUGE L, FREEMAN R B, Higgins M T. Regulation and innovation: Examining outcomes in Chinese pollution control policy areas [J]. Economic modelling, 2020, 89: 19 – 31.

[339] ZOLOTOY L, O'SULLIVAN D, CHEN Y. Local religious norms, corporate social responsibility, and firm value [J]. Journal of banking & finance, 2019, 100: 218 – 233.

[340] ZWEIMÜLLER J, BRUNNER J K. Innovation and growth with rich and poor consumers [J]. Metroeconomica, 2005, 56 (2): 233 – 262.

后　　记

　　自学术研究之始，深感世界经济之复杂多变，个人学术根基尚浅难寻其运作之理。机缘巧合之下，对创新领域产生了浓厚的兴趣，遂基于专业基础专攻创新领域中的涉外因素，围绕外商直接投资、对外直接投资、对外路径选择等与创新行为的关系及深层次机理展开了长达数十年的研究。我的博士阶段学习在南京大学完成，师从赵曙东教授，恩师的个人品格和严谨的学术态度均对我产生了重大影响。2013年9月，我进入江苏省社会科学院世界经济研究所从事专业科研工作，进一步进入省域开放型经济及开放创新发展的研究领域，围绕苏南自主创新示范区、跨国经营企业集群战略、整合全球创新资源政策体系、开发区转型升级、区域开放创新等主题形成了一系列研究成果，部分研究报告受到省部级主要领导肯定性批示。江苏省社会科学院的领导们给予了青年科研人员宽容的发展环境，世界经济研究所所长张远鹏研究员和副所长王维研究员的言传身教使我受益匪浅。为了持续提升科研水平，我于2015年11月进入南京大学应用经济学博士后流动站在职进行博士后科研训练，师从于津平教授。得益于恩师的提点和南京大学浓厚的学术氛围，我在博士后阶段顺利发表相关研究成果，完成了江苏省社会科学基金青年项目《江苏引导和支持"大众创业、万众创新"对策研究》（项目批准号：15EYC007）的结项，并于2018年6月出站。

在创新领域多年耕耘之后，较之研究初期的中国研发状况，中国的世界科技地位发生了显著变化。同时，经济全球化趋势减弱，逆全球化盛行，大国之间的科技战此起彼伏。传统领域的创新研究进入瓶颈，一方面，受数据制约，创新研究的广度和深度难以持续提升；另一方面，大国博弈加剧使得创新受到政治因素的影响变大，抛开政治谈经济、谈创新会使得学术研究脱离基本现实。在多年的研究过程中我关注到，创新的绝大部分工作，尤其是应用型创新的工作都是由民营企业完成的。党的十九大报告中对支持民营经济发展作出了许多新的重大论述，对民营经济的重要地位和作用进行了肯定。基于此，我于2019年成功申请了国家社会科学基金青年项目《推进我国民营企业创新能力提升的路径及政策研究》（项目批准号：19CJL031），力图探究民营企业创新行为的特征及内部规律。在研究过程中我发现，随着中国对经济发展质量的要求的不断提高，国家环境规制制度的实施持续强化，对创新行为施加了不小的压力，在一定程度上改变了企业和区域的创新行为特征和创新方向。基于此，研究团队深入关注了环境和创新之间的关系，认为在碳达峰碳中和目标下，应坚持走绿色高质量发展之路，协调环境规制和创新发展无论对于企业、区域还是国家来说，都具有重要的现实意义。围绕这一思路，研究团队从环境规制制度的演变、环境规制与城市创新、环境规制与绿色创新、源头污染治理与企业发展等视角入手进行了系列研究，并在此基础上进行了梳理总结，形成本书内容。本书不仅是我的国家课题研究内容具体视角的深入，更是近年来团队成员共同努力的证明。

作为科研工作人员，工作和生活难以分隔，需要花费大量时间坐"冷板凳"。好在家人对我的科研工作都给予了充分的理解和大力的支持，他们的无私付出让我无后顾之忧，大大减轻了我不能充分陪伴家人的内疚感，我取得的任何进步都离不开你们的功劳。

本书的出版得到了经济科学出版社李雪主任的亲切关怀，感谢诸位图书编辑对本书出版付出的辛勤劳动，在此一并致谢！

由于水平所限，本书难免存在疏漏和不足之处，敬请广大同仁批评指正！我也将密切关注经济现实，遵从兴趣所在，在领域内持续耕耘奋进。

李思慧

2022 年 12 月 26 日于南京